Agenda 2(

Il Grande Reset - NWO - Crollo economico,
iperinflazione e carenza di cibo

-

Dominio del mondo - Futuro globalista -
Depopolazione esposta!

Rebel Press Media

Disclaimer

Copyright 2021 di REBEL PRESS MEDIA - Tutti i diritti riservati

Questo documento mira a fornire informazioni esatte e affidabili riguardo all'argomento e alla questione trattata. La pubblicazione è venduta con l'idea che l'editore non è tenuto a rendere servizi contabili, ufficialmente autorizzati o altrimenti qualificati. Se è necessaria una consulenza, legale o professionale, si deve ordinare a un individuo esperto nella professione - da una dichiarazione di principi che è stata accettata e approvata allo stesso modo da un comitato dell'American Bar Association e da un comitato degli editori e delle associazioni.

In nessun modo è legale riprodurre, duplicare o trasmettere qualsiasi parte di questo documento sia in mezzi elettronici che in formato stampato. La registrazione di questa pubblicazione è strettamente proibita e qualsiasi memorizzazione di questo documento non è consentita se non con il permesso scritto dell'editore. Tutti i diritti riservati.

La presentazione delle informazioni è senza contratto o qualsiasi tipo di assicurazione di garanzia. I marchi utilizzati sono senza alcun consenso, e la pubblicazione del marchio è senza permesso o appoggio da parte del proprietario del marchio. Tutti i marchi e le marche all'interno di questo libro sono solo a scopo chiarificatore e sono di proprietà dei proprietari stessi, non affiliati a questo documento. Non incoraggiamo alcun abuso di sostanze e non possiamo essere ritenuti responsabili per l'eventuale partecipazione ad attività illegali.

I nostri altri libri

Dai un'occhiata ai nostri altri libri per altre notizie non riportate, fatti esposti e verità sfatate, e altro ancora.

Unisciti all'esclusivo Rebel Press Media Circle!

Riceverai nuovi aggiornamenti sulla realtà non denunciata nella tua casella di posta ogni venerdì.

Iscriviti qui oggi:

https://campsite.bio/rebelpressmedia

Introduzione

Le persone che possiedono le banche ora possiedono gli ospedali. Questo è il loro piano: Possedere te".

Che l'attuale corona plandemica sia stata preparata da almeno 20-30 anni e abbia avuto diverse 'prove generali' (come nel 2009 con l'influenza suina), è ormai familiare all'utente di internet meglio informato. Il fatto che un cartone animato che si suppone risalga agli anni '30 contenga già un avvertimento esatto su ciò che è stato portato avanti dal 2020 - vale a dire l'istituzione di una dittatura del 'Nuovo Ordine Mondiale' attraverso una 'pandemia' pianificata e vaccinazioni obbligatorie che spazzeranno via una parte della popolazione mondiale e renderanno sterile un'altra parte - sarà una sorpresa per molti. Anche i tappi per la bocca vi compaiono come mezzo di condizionamento di massa.

Naturalmente, ci sarà un po' di scetticismo su questo cartone animato. È reale? Con i moderni software video, chiunque può mettere insieme qualcosa di simile dietro il proprio PC. Alcuni intervistati dicono anche che il linguaggio sarebbe troppo moderno. Considerando ciò che veniva già fatto e scritto durante la prima guerra mondiale e la pandemia di "influenza spagnola", non credo che sia il caso. Per esempio, il termine "armare" è stato usato almeno dal 1938 nel libro "The Spirit of India".

Novus Ordo Seclorum

Il termine 'Nuovo Ordine Mondiale' (da 'Novus Ordo Seclorum', lett. 'Nuovo Ordine dei Secoli') è ancora più antico e deriva dalla Sibilla Cumana, la profetessa dell'oracolo del 'dio' greco Apollo. Ella predisse che in futuro una 'divinità' sarebbe venuta sulla terra, portando l'umanità in una nuova età dell'oro, cioè un Nuovo Ordine Mondiale. Le chiese cristiane hanno applicato queste profezie sia alla prima che all'attesa seconda venuta di Gesù Cristo. Nel nostro tempo, altri interpreti hanno suggerito che si trattava proprio di un falso messia.

Il termine Novus Ordo Seclorum fu usato per la prima volta in Occidente nel 1782 sul Grande Sigillo degli Stati Uniti (una piramide con l'occhio onniveggente sopra di essa), e si trova anche sulla banconota da 1 dollaro.

Secondo l'uploader originale (Steve Rotter), il video è autentico, e forse solo alcuni testi sono stati aggiunti successivamente.

Un cartone animato d'allarme - Come conquistare il mondo - Questo è il loro piano

1. Introdurre un'influenza armata: Diffondere deliberatamente un virus (modificato) o un altro agente patogeno tra la popolazione. (O mentire al riguardo, sostenendo semplicemente che c'è qualcosa di molto pericoloso in giro, quando non c'è);

2. Inondare giornali e radio con la morte: Inondare i mass media 24 ore su 24, 7 giorni su 7, con notizie di (presunte) infezioni, malattie e morte. Mettere telecamere sui casi peggiori negli ospedali, e seminare paura e panico con l'affermazione che questo può accadere a chiunque;

3. 'Ricordati di mettere la maschera, ogni volta che esci di casa', suona dal jukebox nel video. Paradenti obbligatori! (La terza frase è difficile da capire, suona come 'per quanto (/per quanto) la legge permette').

4. Chiudere i negozi e le chiese: Chiudere l'economia, chiudere la società. 5. CHIUSURA.

5. Usare le forze dell'ordine per reprimere il dissenso: Schierare la polizia e il ME (e presto l'esercito?) per reprimere le proteste e le manifestazioni contro la politica. L'immagine dice tutto su quello che abbiamo visto così spesso nei Paesi Bassi: il "piccolo uomo", il cittadino in strada, che si alza per la sua libertà pacificamente, viene picchiato da grandi poliziotti con bastoni. Vedi anche quello che sta succedendo ora in Francia con le manifestazioni di massa contro il passaporto vaccinale.

6. Parata I malati e i morti: Emo-propaganda. Trasmettere costantemente rapporti di persone malate di morte negli ospedali o a casa, dicendo quanto è brutto tutto questo. Mostrate persone in lacrime per i loro cari che presumibilmente hanno perso a causa del "virus assassino". E ricordate: "Ricordatevi di mettere la maschera, ogni volta che andate fuori".

7. Iniettare un 'vaccino' per sterilizzare i lavoratori ed euthiare i vecchi: Iniettare un cosiddetto 'vaccino' in tutti gli 'inutili', ('the great unwashed' come vengono chiamati ora negli Stati Uniti), o la stragrande maggioranza della popolazione mondiale che è vista solo come un peso dall'élite. Le giovani generazioni sono rese sterili (vedi anche il nostro articolo del 21-06: Utopia: Film dal 2019 previsto pandemia e vaccini con cui la popolazione mondiale è segretamente sterilizzato) , e gli anziani sono eutanasia con esso, o: eliminato. Poi immagini di vaccinazioni industrializzate come le conosciamo anche in Olanda (strade di vaccinazione).

Le persone che possiedono le banche ora possiedono gli ospedali. Questo è il loro piano: Possedere voi. La nostra situazione attuale non può essere spiegata più chiaramente. Le grandi famiglie bancarie e i multimilionari hanno ottenuto il controllo totale della salute globale ("Big Pharma") e di tutte le organizzazioni collegate, come l'Organizzazione Mondiale della Sanità (in gran parte finanziata e diretta dall'eugenista Bill Gates).

Ora a tutti vengono iniettati "vaccini" di terapia genica mRNA, che sono l'inizio della costruzione di un "sistema operativo" che presto permetterà a TUTTE le persone di essere monitorate digitalmente, dirette e, se necessario, corrette o rimosse definitivamente.

Questo libro è una compilazione dei nostri articoli pubblicati in precedenza e di nuovi articoli per esporre i vaccini con il giusto contesto, per quanto riguarda argomenti come lo spopolamento e il controllo del mondo da parte dell'élite globalista, se volete saperne di più su argomenti come il grande reset, vi consigliamo di leggere anche gli altri nostri libri, e condividerli con tutti quelli che vi sono cari.

Vogliamo raggiungere il maggior numero di persone possibile, ecco perché continuiamo a pubblicare i nostri contenuti, per essere sicuri che se un titolo viene ignorato, l'altro titolo ottiene comunque l'attenzione di cui questi soggetti hanno bisogno.

Se vogliamo vincere questa guerra contro l'umanità, dobbiamo informare tutti sulla realtà di quello che sta succedendo in questo momento!

Per favore sosteneteci lasciando recensioni positive su ogni piattaforma, così possiamo continuare a spingere la verità là fuori e assicurarci di svegliare più gente possibile. La libertà passa attraverso la verità e possiamo cambiare il nostro futuro solo se abbiamo la maggioranza!

Tabella dei contenuti

Disclaimer 1

I nostri altri libri 2

Introduzione 3

Tabella dei contenuti 8

Capitolo 1: Agenda 21.. 10

Capitolo 2: Il potere dei senza potere 22

Capitolo 3: Carenza di cibo 30

Capitolo 4: Dittatura globalista................................. 34

Capitolo 5: L'internet dei corpi 40

Capitolo 6: Vaccinazioni forzate 46

Capitolo 7: Infertilità Covid?..................................... 53

Capitolo 8: Spopolamento imminente 60

Capitolo 9: I.A. globalista. 68

Capitolo 10: Niente più libertà 75

Capitolo 11: Proteste per i passaporti dei vaccini 78

Capitolo 12: Nessuna assistenza sanitaria.................... 81

Capitolo 13: agenda 5G 85

Capitolo 14: biosensori nanotecnologici 5G................ 90

Capitolo 15: Protesta = Terrorismo? 97

Capitolo 16: Passaporti e chip 102

Capitolo 17: Debito senza fine?................................. 107

Capitolo 18: Niente più soldi?................................... 115

Capitolo 19: 1921-1922?... 123

Capitolo 20: Iperinflazione.. 129

Capitolo 21: Carenza di carburante 132

Capitolo 22: La prossima guerra mondiale?............... 135

Capitolo 23: Il nuovo "Green Deal" 143

I nostri altri libri 147

Capitolo 1: Agenda 21

Lo stato nazionale, la libertà e la vostra voce vengono completamente distrutti" - "Solo la resistenza di massa può fermare questa agenda anti-umana, che è già in fase di attuazione".

Café Weltschmerz ha pubblicato un'intervista con un noto esperto americano di Agenda 21, che può essere riassunta come una presa di potere che alla fine metterà il mondo intero sotto una dittatura comunista tecnocratica, in cui gli individui e i popoli non avranno alcuna voce in capitolo, nemmeno sulla propria salute e vita. Con la bufala della pandemia della paura Covid-19, la prossima fase di questo colpo di stato de facto contro la nostra libertà, democrazia e diritto all'autodeterminazione è iniziata. Café Weltschmerz non mette quindi sotto "L'agenda nascosta dietro la distruzione della nostra società" per niente - una distruzione che viene anche deliberatamente portata avanti dai governi mondiali.

Il giornalista indipendente Spiro Kouras (Activist Post) ha intervistato il direttore esecutivo del Post Sustainability Institute, Rosa Koire, un'esperta di uso della terra e diritti di proprietà che ha tenuto discorsi in tutto il mondo. Il suo lavoro può essere trovato sul sito web Democrats United Against UN Agenda21, un sito che era inaccessibile al momento della scrittura.

Koire è anche l'autore del libro "Behind the Green Mask - UN Agenda 21. L'Agenda 21 è stata firmata da 178 paesi e dal Vaticano nel 1992. Con questa agenda, un'élite di potere globalista vuole ottenere il controllo totale su tutta la terra, l'acqua, la vegetazione, i minerali, le costruzioni, i mezzi di produzione, il cibo e l'energia. Anche l'applicazione della legge, l'istruzione, l'informazione e la gente stessa devono essere sotto questo controllo totale.

Agenda 2030: passo intermedio nella distruzione dello stato-nazione e della libertà

Inoltre, grandi somme di "denaro" devono essere spostate dai paesi sviluppati a quelli meno sviluppati. In definitiva, si tratta di distruggere la capacità di avere una voce, un governo rappresentativo". I governi nazionali si trasformano in amministrazioni. La vostra capacità di essere liberi e indipendenti viene completamente distrutta. L'obiettivo è quello di trasferire il potere dalle persone locali e individuali a un sistema globale di governo... È un piano per sconvolgere e distruggere il sistema esistente. È un piano di trasformazione e controllo, e questo è ciò che stiamo vivendo ora".

L'Agenda 2030 è solo una tappa intermedia dell'Agenda 21, come lo sono il 2020, il 2025 e il 2050. Entro il 2050, con l'aiuto e il sostegno di grandi nomi globalisti come Ford, Rockefeller, Soros, Gates, Zuckerberg, Musk, il Papa, e non ultimo Rothschild, questo perfido piano deve essere completato. Entro il 2050, tutti gli stati nazionali devono essere aboliti, e la popolazione mondiale concentrata in un certo numero di megacittà che possono inglobare interi stati e paesi (proprio come l'Olanda, insieme al Belgio e alla Ruhr tedesca, deve diventare una sola grande città).

Questo ha lo scopo di distruggere la vostra capacità di controllare ciò che vi succede. È un piano globale, ma viene attuato localmente con nomi diversi". Questo viene fatto deliberatamente per distogliere l'attenzione della gente dai veri obiettivi.

In realtà, tutto ciò che viene chiamato "verde" e "sviluppo sostenibile" rientra nell'Agenda 21. Questo include il 'cambiamento climatico', cioè tutti gli accordi e le iniziative sul clima, e certamente Covid-19 . Una crisi globale richiede una risposta globale", è la loro idea. E questo giustifica una governance globale".

Il cambiamento climatico e la corona p(l)andemica "sono progettati per mandare la gente nel panico, così male che si teme letteralmente di non sopravvivere". Che ci sia o meno una vera e propria crisi climatica non è nemmeno rilevante, secondo Koire. Funziona così bene che sarebbe stato inventato comunque (anzi, è inventato, concepito, nei primi anni '90, che è letteralmente scritto nei documenti delle Nazioni Unite).

Il 'Grande reset (verde)'

Skouras indica poi il 'Grande reset (verde)' lanciato al Forum economico mondiale di Davos. Koire risponde che "non vuole fare l'allarmista", ma è molto preoccupata che questo "reset" venga portato avanti senza tener conto dei costi per le persone e la società. Tuttavia, stanno rimanendo dietro la loro Maschera Verde, perché una volta che questa viene tolta, gli stivali da soldato e le trincee vengono fuori". Letteralmente. Vedi anche il nostro articolo del 4 dicembre 2019: 'L'ONU può usare la forza militare contro i paesi che rifiutano l'agenda climatica' (/ 'L'ONU può spingere misure estreme in gola ai popoli' - I partecipanti alla conferenza sul clima di Madrid vogliono accordi duri per abbattere la prosperità e la libertà in Europa).

Abbiamo ormai raggiunto il punto in cui chi è al potere non si cura quasi più delle obiezioni e delle preoccupazioni della gente. Questo è una specie di messaggio da parte loro a noi, che non si preoccupano più veramente di noi". Sembra che non ci sia più molto da fare, ma Koire crede che sia ancora possibile.

La tecnologia è ormai avanzata al punto che due grandi obiettivi, la vita eterna e la possibilità di creare la vita da soli, si sono avvicinati molto. Queste persone non hanno limiti etici, e questo è molto preoccupante. L'avete visto con i nazisti, con Stalin e ora. Non c'è letteralmente nulla per fermare queste persone".

Tutto e tutti saranno connessi digitalmente

Nella "quarta rivoluzione industriale" che hanno messo in moto, veramente tutto e tutti saranno connessi digitalmente. Stanno parlando di un nuovo contratto sociale. Bene, in un contratto, normalmente entrambe le parti hanno qualcosa da dire. Ma questo è un contratto in cui nessuno di noi ha voce in capitolo... Questa è una delle ragioni per cui vediamo tutta questa isteria nelle strade. È perché è una lezione, una comunicazione per noi: questo è quello che vi succede se scendete in strada e osate opporvi al nostro piano".

La gente mi chiede: chi ci sta facendo questo? Questo è il vostro governo. Il vostro governo è stato preso in consegna". Con l'aiuto di gruppi e movimenti come Antifa e Black Lives Matter, si cerca di scatenare una rivolta. Siamo sotto attacco". Questo è stato il motivo per cui Koire ha voltato le spalle al Partito Democratico. 'Ma i partiti sono solo una distrazione. Al vertice, il potere non conosce partiti. In questa presa di potere globalista, si stanno usando tutti i mezzi possibili. Il piano è quello di distruggere e disgregare, ed è quello che tutti stanno vedendo ora. Questo è il piano per distruggere la coesione sociale, e questo ha molto successo".

Lei chiama la situazione ora "estremamente pericolosa" perché questo piano è sostenuto da università, fondazioni, aziende e agenzie governative. Tutte queste parti sono state indottrinate, dalla scuola materna all'istruzione universitaria. Questi sono gli 'agenti di cambiamento' che sono stati attivati".

'Trasformazione' = demolizione dell'individuo

La parola magica ampiamente usata è 'trasformazione', dell'educazione, dell'economia, della polizia e della società. La trasformazione è in realtà la rottura dell'individuo, della sua alleanza con qualsiasi 'vecchio' sistema, come la sua famiglia, i suoi 'vecchi' pensieri, o la sua fede... È una tecnica psicologica che in realtà rompe la tua personalità, e poi la ricostruisce (secondo i loro nuovi standard)".

Il termine "razzismo istituzionale" usato anche dal governo europeo è "solo una scusa per distruggere letteralmente la tua mente". Mao Zedong l'ha usato, Sung l'ha usato, e anche i nazisti. È una tecnica con la quale la tua personalità viene distrutta, al fine di ricostruirti come il nuovo essere umano, il nuovo cittadino del mondo".

L'umano deve fondersi con l'intelligenza artificiale.

In questo processo entra in gioco anche l'A.I. (intelligenze artificiali). Sta arrivando una forza di polizia (globale) A.I., non composta da umani. Inoltre, i droni a un certo punto non saranno più controllati da umani, ma da A.I. 'Non devo spiegare che poi si ottiene una situazione davvero pericolosa'. La Nuova Zelanda ha recentemente lanciato ufficialmente il suo primo agente di polizia A.I., e a Singapore stanno usando robot intelligenti per far rispettare le distanze sociali.

Skouras: "Questa è essenzialmente un'agenda anti-umanitaria, dove vogliono fondere l'umano con la macchina (AI)".

Secondo le misure di Covid-19, tutti sono stati dichiarati potenziali nemici gli uni degli altri. L'idea è che non ci si fida più nemmeno dei familiari e degli amici più stretti. Allo stesso tempo, anche la nostra salute viene degradata, cosa che Koire dice essere una parte molto importante del piano Agenda 21. Questo è il piano per inventariare e controllare tutto, compreso il tuo DNA (da qui l'insistenza del governo affinché il maggior numero possibile di persone si sottoponga al test Covid-19 - questo permetterà al tuo DNA di essere preso e conservato immediatamente)".

Con il tuo "status di credito sociale" come in Cina e presto negli Stati Uniti e in Europa, devi "dimostrare" che sei un cittadino leale e obbediente che è "degno" di continuare a vivere nel nuovo ordine. Il sistema, naturalmente, lo fa già da tempo favorendo alcune persone di talento, che poi il resto deve pagare. Il sistema cinese sta per essere esteso a tutto il pianeta.

Vaccino di spopolamento

I cinesi hanno anche accettato negli anni '90 di lavorare con gli Stati Uniti su un vaccino di spopolamento. Sono andati fino in fondo? Quel vaccino è ora là fuori, e viene 'venduto' all'umanità con un nome diverso (forse un vaccino Covid-19?)? In ogni caso, 'lo spopolamento è una parte essenziale del piano'. Se si determina che non hai abbastanza valore, e/o stai occupando troppo spazio, usando troppa energia, troppa acqua, troppa terra, allora devi essere 'isolato' e trasferito.

La grande maggioranza dell'umanità sarà costretta a vivere in megalopoli ('multiculturali'), dove ogni aspetto della nostra vita sarà controllato e gestito 24/7/365. Questo piano vi toglierà letteralmente tutta la libertà. E questo non riguarda un piano per il futuro, ma è qualcosa che sta già accadendo proprio ora. Quindi, questo non è solo nel 2030 o nel 2050. Il 2020 è davvero un anno molto importante. Molti di questi piani vengono ora attuati a livello regionale".

Siamo stati massicciamente ingannati dai nostri leader e dai loro consiglieri", ha detto il dottor Mike Yeadon, ex vicepresidente della Pfizer, in un'intervista alla Stiftung Corona Ausschuss tedesca poco meno di due settimane fa. Quello che sto per dire sconvolgerà tutti". Yeadon ha avvertito che il costante 'rabbocco' di vaccini corona, come ora sembra essere l'intenzione (la 'sottoscrizione di vaccini' come l'abbiamo chiamata l'anno scorso) non solo è totalmente inutile, ma anche pericolosa per la vita, perché tutti questi vaccini non passeranno attraverso il normale processo di approvazione. Le sequenze genetiche saranno iniettate direttamente nelle braccia di centinaia di milioni di persone... Questo potrebbe causare gravi lesioni e morte in una parte significativa della popolazione mondiale".

L'immunologo ed esperto di organi respiratori Yeadon - che, tra l'altro, è stato lontano dalla Pfizer per circa 10 anni - ha detto che ha trovato il "numero molto grande di morti" dopo le vaccinazioni corona "non una coincidenza". Ha definito "arrogante" da parte dei produttori di vaccini presumere che questi nuovi vaccini, che istruiscono il corpo a produrre una proteina spike del virus corona, non avrebbero causato grandi problemi, perché gli studi scientifici avevano già dimostrato il pericolo che questa tecnologia avrebbe causato una risposta (auto-)immunitaria troppo forte in moltissime persone, che potrebbe farle ammalare gravemente o addirittura ucciderle. Gli ultimi tre mesi hanno dimostrato che questo è effettivamente il caso.

Tutti questi vaccini genetici (Pfizer-AstraZeneca-Moderna) rappresentano un rischio fondamentale per la sicurezza della popolazione", ha avvertito.

A causa della scarsa connessione, il Dr. Reiner Füllmich, uno dei capi del comitato tedesco, ha riassunto quanto aveva detto. Secondo il Dr. Yeadon, ciò che sta accadendo ora è un crimine molto grave, commesso da 'cattivi attori', la nostra stessa élite politica e autoproclamata 'scientifica'... La proteina spike è biologicamente attiva, e viene replicata con precisione dai vaccini. Questo provoca una reazione autoimmune, come una tempesta di citochine. Diverse migliaia di persone sono già morte per questo in Europa. In Israele, anche 40 volte più persone sopra gli 80 anni e 260 volte più giovani sono già morte per il vaccino che per il Covid-19. Da tutti gli altri paesi riceviamo rapporti simili".

Tutti i vaccini stimolano il tuo corpo a produrre quella proteina spike, e questo non è una buona cosa per te... È biologicamente attiva, avvia processi biologici e provoca la totale interruzione o addirittura la distruzione di alcune funzioni del corpo", ha ripetuto Yeadon.

Gli effetti dei vaccini possono colpire dopo giorni, settimane, mesi o addirittura anni

Dipende dal sistema immunitario della persona e dalla reazione delle sue cellule alle istruzioni genetiche se questi effetti si verificano immediatamente, a breve termine, o solo a medio o lungo termine. Quindi, le persone che sono vaccinate ora e dicono "non succederà nulla" non sono sicuramente al sicuro. Gli effetti possono colpire domani, il mese prossimo, l'anno prossimo o anche dopo qualche anno. Se fossi un'istituzione (medica) non fornirei più questi vaccini", ha sottolineato Yeadon.

Nel frattempo, decine di milioni di europei e più di 100 milioni di americani sono già stati iniettati con loro, e non sembra che i politici abbiano nemmeno intenzione di considerare se questi "vaccini" confezionati come ingegneria genetica sono davvero così "sicuri" come sostengono i produttori.

Il Dr. Füllmich ha poi ribadito le parole di Yeadon che i "vaccini" ora dispensati non sono in realtà vaccini, ma "qualcosa di completamente diverso. È classificato come vaccino solo perché è usato come un vaccino". Tuttavia, non sono vaccini, ma sostanze che equivalgono alla terapia genica, alla manipolazione genetica. La cosa peggiore è che moltissimi effetti collaterali (gravi) potrebbero non essere legati a queste sostanze, proprio perché sono falsamente usate come "vaccini".

Il primo passo è la consapevolezza, il secondo passo è l'azione

Possiamo ancora fermare tutto questo? La consapevolezza è il primo passo della resistenza", dice Koire. L'azione è il secondo passo". La gente deve capire che ora siamo condizionati a rimanere passivi, e a pensare che se premiamo 'mi piace' sui social media, siamo politicamente attivi. Ma non sei un attivista politico se non esci di casa". Da qui tutte queste chiusure e allontanamento sociale - vogliono dichiarare illegale e impossibile in anticipo l'opposizione di massa a questo piano di demolizione e controllo totale dell'Agenda 21.

E non dite che il vostro governo è così cattivo che non potete farci niente. Sono sicuro che sembra così, ma è perché avete lasciato che arrivasse a questo punto. Non migliorerà se lasciate che questo continui. Ecco perché pensiamo che tu abbia davvero bisogno di "occupare" il tuo governo (occupare, anche "sequestrare", "occupare" o "occupare"). Siate il vostro governo. Sì, siamo nell'End Game, e non rimane molto tempo. Quindi, avreste dovuto farlo un po' di tempo fa".

La gente deve iniziare a riconoscere l'Agenda 21, anche nella propria località e regione. Portatela nel vostro consiglio locale. Parlatene continuamente con i rappresentanti del popolo. Probabilmente ogni punto all'ordine del giorno del vostro consiglio comunale è legato all'Agenda 21". Consiglia alla gente di guardare il suo sito web e di leggere il suo libro in modo che 'scoprirete come manipolano l'opinione pubblica, così non causerete loro problemi. Vogliono che tu rimanga a casa sulla tua sedia".

Quindi, agite, parlate con le persone e i funzionari, distribuite volantini, condividete video, scrivete e pubblicate su questo. Perché il solo sapere che questo sta succedendo, senza fare nulla, non è più sufficiente. Bisogna diventare politicamente attivi ed essere pronti a non prendere subito tutto da loro". Per esempio, vogliono iniziare a sostituire la realtà con la VR (realtà virtuale), perché renderebbe la vita molto più divertente. Quindi, devi resistere".

Non credere a Wikipedia, l'Agenda 21 è un'agenda anti-umana

'Ovunque lavoriate, ovunque siate, parlate di questo'. A molti non piacerà, e non piacerai (più) a molti. Ma così sia, perché questo piano è reale, e viene attuato proprio ora, che ci piaccia o no. Agenda 21 NON è quello che vi dice Wikipedia. NON è volontaria, e non è 'non vincolante'. Per voi, questo piano è obbligatorio.... Quindi combattiamo questo insieme. Dobbiamo opporci tutti".

La vendono come qualcosa che migliorerà e salverà il mondo, il clima, l'ambiente. Ma (Agenda 21 / 2030) è un'agenda anti-umana che viene attuata proprio ora. Non vogliamo percorrere quel sentiero oscuro, questo sentiero verso la tirannia".

Un falso memorandum prevede una chiusura permanente in poche settimane

Un cosiddetto memorandum del governo britannico indicherebbe che il paese andrà in isolamento permanente già da 3 settimane o in agosto perché - nonostante le vaccinazioni di massa - si prevede una "terza ondata" con principalmente la variante Delta indiano. Il documento, la cui autenticità non può essere confermata e che molto probabilmente è falso*, sarebbe stato scritto dal famigerato allarmista Dr. Neil M. Ferguson, screditato per i suoi modelli di pandemia completamente sfatati dell'anno scorso, in cui prevedeva almeno mezzo milione di morti nella sola Gran Bretagna.

Capitolo 2: Il potere dei senza potere

L'arma che viene usata ora è esattamente la stessa usata dai nazisti: paura deliberatamente seminata per (false) "infezioni

Václav Havel, il dissidente cecoslovacco e poi primo presidente della Repubblica Ceca, scrisse il libro "Il potere dei senza potere" nel 1978, quando il suo paese stava ancora soffrendo sotto il giogo sovietico. Grazie a Havel, che ha ricevuto il premio Erasmus nel 1986, i cittadini del suo paese hanno cominciato a ribellarsi sempre di più contro la tirannia dello stato comunista. Cosa possiamo imparare dall'esperienza di Havel noi olandesi, che in sempre più aree siamo anche noi soggetti a una tirannia fascista che minaccia di diventare sempre più dura e disumana negli anni a venire? Possiamo vincere se riusciamo a vedere il piano del gioco", pensa l'economista americano Martin Armstrong. E cioè che c'è un complotto, una presa di potere, per separare le pecore senza cervello da quelle che pensano".

Tutte le dittature hanno un aspetto in comune: il loro potere si basa sull'ANGELO. Lo stato totalitario ha un copione standard: prima devono creare la paura, seguita dal terrorizzare il popolo. Infine, cercheranno il potere offrendo soluzioni per le quali dovrete rinunciare a tutti i vostri diritti".

In Francia è già successo. Lì il governo ha istituito dei blocchi stradali per fermare le manifestazioni. Questa è una tattica totalitaria spietata che non ha posto in uno stato democratico eletto. Nella seconda guerra mondiale, i blocchi stradali sono stati istituiti per le stesse ragioni. Questo è il cane di Pavlov: addestramento tramite isolamento e condizionamento". Uno dei migliori esempi recenti: i paradenti, che si sapeva da più di 100 anni che non servivano a nulla, ma sono stati resi obbligatori per influenzare il comportamento della gente.

Poi i sovietici, ora i globalisti del clima-vaccino

Václav Havel descrive nel suo libro come uno stato totalitario può essere sconfitto nonostante il profondo condizionamento e la dura oppressione. Secondo lui, il regime comunista dell'epoca si presentava come una "religione secolarizzata", una descrizione che si applica senza soluzione di continuità nell'anno 2021 alla tirannia del clima-vaccino che si sta diffondendo in tutto il mondo.

Nel blocco sovietico, a Marx ed Engels era stato accordato uno status inattaccabile, quasi divino; ora, con globalisti neo-marxisti come Klaus Schwab e Bill Gates, e i loro politici che seguono servilmente nelle capitali occidentali, non è diverso. Ciò che sostiene l'oppressione, secondo Armstrong, non è tanto il potere militare, "ma la pressione sociale e l'indottrinamento, che assicura che un ordine totalitario possa essere sostenuto.

A proposito, gli stessi governanti totalitari non si considerano mai malvagi - al contrario, spesso pensano sinceramente che quello che fanno è "necessario" per "salvare" la società, o addirittura il mondo intero. Come, per esempio, il commissario europeo Frans Timmermans, che ha presentato un piano climatico assurdo e devastante che metterà definitivamente fine a tutte le nostre libertà e a una parte sostanziale della nostra prosperità. Tuttavia, egli considera la dittatura climatica rocciosa che si sta instaurando "necessaria" per "dare una possibilità all'umanità".

I nazisti hanno applicato la stessa paura del 'contagio'.

I nazisti - i veri progenitori dell'Unione (economica) europea da loro pianificata anche prima della seconda guerra mondiale - applicarono la stessa tattica della paura con grande successo in precedenza. La prima voce che Hitler diffuse sugli ebrei fu che essi avevano malattie contagiose, e quindi dovevano essere evitati, tenuti fuori, e successivamente segregati. Esattamente la stessa cosa rischia ora di essere fatta alle persone che non vogliono essere testate o vaccinate e sono quindi dette essere "diffusori di varianti", e più tardi probabilmente ai "negatori del clima".

Stanley Milgram mise alla prova l'illusione ampiamente diffusa che i tedeschi potessero realizzare qualcosa di così orribile come l'Olocausto perché erano presumibilmente "diversi" dagli altri popoli. Con i suoi esperimenti, che sono diventati famosi, ha dimostrato che anche gli americani comuni sono molto veloci a torturare gli altri se le autorità dicono loro di farlo. Ha scritto le sue scoperte nel suo libro Obbedienza all'autorità, un libro che dovrebbe essere molto attuale in questo momento, perché i commenti su internet mostrano che molti olandesi terrorizzati pensano già che tutti dovrebbero essere vaccinati obbligatoriamente, e altrimenti rimossi permanentemente dalla società.

Che differenza c'è con quello che è successo in Germania negli anni '30? NO. Anche l'arma usata è esattamente la stessa: ANGST deliberatamente seminato per (false) 'infezioni'. Quindi la reazione delle guardie dei campi tedeschi, dei soldati, dei medici e degli scienziati, 'Befehl is Befehl', non fu unica, ma sintomatica di ciò che accade sotto tutti i regimi totalitari.

Persone deliberatamente divise in gruppi reciprocamente odiosi

Dal 2020, "corona" e "Covid" sono stati usati per fare il lavaggio del cervello al popolo e dividerlo in gruppi che si diffidano e odiano a vicenda, per impedire loro di fare un pugno insieme per affrontare i loro oppressori. Ecco perché abbiamo Black Lives Matter, Antifa, la Critical Race Theory, Extinction Rebellion / la religione climatica di Greta, e l'agenda transgender arcobaleno - tutto progettato per essere il più divisivo possibile.

Le religioni sono anche messe l'una contro l'altra e/o contro se stesse, così che i movimenti principali come l'Islam, il Cristianesimo, l'Ebraismo e l'Induismo sono l'uno contro l'altro in modi grandi e piccoli. Classico esempio di una presa di potere religiosa interna: la caccia alle streghe di Salem, quando la gente era terrorizzata dalle affermazioni che alcune donne erano streghe controllate dal diavolo.

Esattamente secondo il manuale totalitario, la gente è stata indottrinata per iniziare a vedere gli altri come una minaccia, proprio come si fa ora. Allora le donne finirono al rogo; cosa si farà ora con le moderne persone "sbagliate" che rappresentano il "pericolo", i "wappy", i rifiutatori di vaccini, i "negatori del clima di estrema destra"?

Opposizione infiltrata

Sempre secondo il manuale totalitario, l'opposizione è stata abilmente infiltrata e messa l'una contro l'altra.

Su internet si possono trovare numerosi siti web e canali mediatici 'svegli', ma anche qui incontro troppo spesso lo stesso schema di esclusione e incitamento: devi pensare o scrivere 'così o così' su certi argomenti, perché altrimenti anche tu sei 'sbagliato' o 'falso', anche se hai lo stesso obiettivo finale, cioè la fine di questo golpe fascista e il ritorno alla vera libertà e autodeterminazione.

'Smascherare i leader che stanno passando al cambiamento climatico'

Armstrong chiama l'umorismo un'arma importante contro il totalitarismo. Devi ridicolizzare i leader ed esporli per quello che sono veramente, perché nelle loro stesse menti non sono malvagi, ma tu sei solo scomodo. Il trucco di Covid sta perdendo il suo effetto, perché non c'è stata un'ondata di morte di massa. Ora passeranno al cambiamento climatico. Contate sul fatto che i viaggi aerei diventeranno drammaticamente più costosi. Stanno cercando di ridurre i viaggi internazionali, e molto probabilmente inizieranno a limitare il numero di voli e introdurranno nuove tasse per raddoppiare i prezzi".

'Stanno anche deliberatamente cercando di ridurre il consumo di carne, pagando gli agricoltori per non coltivare cibo, per creare il panico che collegheranno al cambiamento climatico'. Oppure, come in Germania, non si fa alcuna manutenzione per anni, si ignorano tutti gli avvertimenti degli esperti, si lasciano deliberatamente i bacini pieni durante un periodo di forti piogge in modo che l'acqua in eccesso non possa defluire, e si usa l'inevitabile disastro risultante per far passare la propria dittatura climatica neutrale in termini di CO_2, come Angela Merkel ha ora annunciato davanti ai microfoni.

Un sindaco di un villaggio colpito ha avuto il coraggio di contraddirla in pubblico, indicando precedenti grandi disastri alluvionali in quella zona, nel 1790 e nel 1910. E allora non c'era nessun cambiamento climatico, signora". Se gli sguardi della Merkel potessero uccidere, quel sindaco ora sarebbe nella tomba.

La questione centrale non è "virus o non virus", ma il fatto che si sta realizzando un gioco di potere".

Dobbiamo fare tutto il possibile per dimostrare che hanno mentito su Covid", continua Armstrong. Tuttavia, crede che non dovremmo preoccuparci di questioni come l'esistenza o meno di un virus e simili. Questo non porta a nulla, e manca il punto chiave che c'è una cospirazione. Il fatto che insistano nel vaccinare fa parte del gioco di potere con cui vogliono separare le pecore senza cervello da quelle che pensano per prime, da quelle che mettono in discussione i potenti - che comunque non dicono la verità su niente. Preoccuparsi di 'virus o non virus' distrae solo ed è inutile, perché poi verranno fuori con un falso medico pagato per confutare tutto quello che dici".

L'economista di punta pensa che i nostri politici potrebbero non essere consapevoli della vera agenda, ma io non sono d'accordo - in parte a causa dell'enorme quantità di controinformazione disponibile. Quello che è vero è che i "nostri" politici non hanno inventato questi piani. I geni del male sono il World Economic

Forum (Klaus Schwab e il suo 'Great Reset'), Bill Gates (la sua Fondazione, l'OMS e l'alleanza GAVI), e George Soros*, che hanno usato i loro soldi e la loro influenza per ingannare il mondo intero e portarlo in questa direzione. Come Hitler, non si vedono come il male, ma come i salvatori del mondo. Siamo semplicemente troppo stupidi per sapere cosa è bene per noi".

(* E sopra di loro un gruppo ancora più potente che rimane nell'ombra il più possibile, come i Rothschild e i Rockefeller. Forse nemmeno loro formano il vertice assoluto della piramide. Non dimenticate l'enorme potere e influenza delle case reali europee).

Dobbiamo fare un passo indietro e vedere questa strategia per quello che è. Hanno condizionato la società, e vedremo ancora persone che vanno in giro con i paradenti, perché hanno subito il lavaggio del cervello e si sentono 'sicuri' per questo. La stretta di mano è stata sostituita dal colpo di gomito, che aiuta a distanziare socialmente e a prevenire incontri che potrebbero trasformarsi in rivolte. Capire il piano del gioco. Usate l'umorismo per deriderli e ricordate: la resistenza non è inutile".

Capitolo 3: Carenza di cibo

I primi supermercati hanno gli scaffali vuoti, le prime stazioni di servizio sono a secco - I massimi dirigenti dell'industria avvertono del crollo delle catene di approvvigionamento, compreso il cibo

Il primo paese occidentale a commettere effettivamente un suicidio letterale per volere del World Economic Forum e dell'Organizzazione Mondiale della Sanità sembra essere la Gran Bretagna. Milioni di lavoratori del settore alimentare e sanitario al dettaglio hanno ricevuto l'ordine di mettersi in quarantena a casa. Gli scaffali dei supermercati cominciano a svuotarsi, e l'industria avverte che l'approvvigionamento alimentare è "a rischio di collasso".

Ogni britannico deve installare un'applicazione Covid-19 sul proprio smartphone che traccia la vostra esatta posizione in 'tempo reale'. Se qualcuno viene trovato "positivo" con il test PCR fraudolento e ingannevole usato per questo scopo, tutta la vostra storia viene esaminata per vedere dove siete stati e con chi siete stati in contatto. Chiunque sia stato vicino a una persona "positiva" riceve un "ping" sul suo cellulare che lo invita a mettersi in quarantena a casa.

Il test PCR era noto fin dall'inizio che NON può mostrare "l'infezione", come ha sottolineato anche l'inventore e premio Nobel fino alla sua morte. Nonostante questo,

questo test è ancora usato in tutto l'Occidente per aumentare artificialmente i "tassi di infezione".
L'inganno non potrebbe essere più grande, perché senza questo falso test non c'è semplicemente NULLA di speciale, e la società può tornare alla normalità.

I primi supermercati hanno gli scaffali vuoti, le prime stazioni di servizio sono a secco

La settimana scorsa più di 500.000 britannici sono stati 'pingati' a rimanere a casa. Se questo continua per qualche settimana a questo ritmo, non rimarrà quasi nessuno per tenere a galla l'economia e la società. Per inciso, questa "pingdemica" sta già minacciando di interrompere seriamente le catene di approvvigionamento.

Nick Allen, alto dirigente della Meat Processor Association, ha avvertito che già il 10% dei suoi dipendenti sono a casa, e i supermercati in alcune zone di Bristol, Cambridge e Southampton hanno già gli scaffali vuoti. Anche le stazioni di servizio stanno finendo il carburante perché non vengono più rifornite. Se l'attuale traiettoria di cancellazioni continua senza l'azione del governo, c'è il rischio che le catene di approvvigionamento chiave siano interrotte, compreso il cibo", ha detto anche Tim Morris, amministratore delegato del UK Major Ports Group.

La scomparsa pianificata dell'Occidente libero e prospero è iniziata

Questo sembra quindi essere l'inizio della caduta pianificata della Gran Bretagna attraverso una carestia creata deliberatamente e un crollo economico totale. Questa cospirazione, che trasforma deliberatamente tutti i paesi occidentali industrializzati in paesi del terzo mondo con crisi create artificialmente, proviene dalla setta globalista clima-vaccino guidata dal WEF di Klaus Schwab e dall'OMS di Bill Gates, a cui tutti i governi dell'UE e del Nord America hanno giurato fedeltà.

Siamo sull'orlo di una trasformazione globale. Tutto ciò di cui abbiamo bisogno è la grande crisi giusta, e le nazioni accetteranno il nuovo ordine mondiale", ha dichiarato una volta David Rockefeller. Quella crisi è stata preparata per decenni, ha ricevuto diverse "prove generali" (come la "pandemia" dell'influenza suina nel 2009), e ora viene eseguita su di noi "dal vivo" con il piano Corona, e presto il falso attacco informatico del WEF sulle infrastrutture finanziarie, fisiche ed energetiche critiche.

Possiamo ancora fermare questo suicidio imposto

Le popolazioni occidentali hanno ancora l'opportunità di fermare pacificamente questo "Grande Reset" tecnocratico comunista e "Agenda 2030" contro la loro società, futuro, libertà e prosperità. Tuttavia, questo può essere fatto solo se i cittadini, le aziende e le istituzioni si rifiutano in massa di cooperare con questa politica suicida imposta dall'alto, e iniziano a ignorare tutte le regole assurde e le restrizioni da ora in poi.

L'attuale sistema politico sembra troppo malato e corrotto per essere salvato, sia a livello nazionale che internazionale. I governi che si rivoltano contro il proprio popolo con misure sempre più fasciste sono storicamente sempre LA prova che la caduta di una civiltà è vicina. Il sito privato di intelligence geopolitica e militare Deagel.com non ha quindi cambiato la sua prognosi, già di 7 anni fa, che la civiltà occidentale sarà crollata entro il 2025.

Poiché anche noi nei Paesi Bassi stiamo seguendo palesemente lo stesso corso e ci stiamo rapidamente trasformando in una tirannia, la grande domanda è se un numero sufficiente di persone si scuoterà in tempo dalla loro servile docilità inarticolata, o se continueranno a seguire ciecamente e volentieri il salto nell'abisso in cui i "nostri" governanti li hanno spinti.

Capitolo 4: Dittatura globalista

'Nessuno è al sicuro finché tutti non sono al sicuro' = Ogni cittadino del mondo sarà presto obbligato ad essere vaccinato - Top New Agers ha previsto l'inizio del nuovo ordine mondiale luciferiano nel 2012: 2012 = 2021?

24 leader mondiali, tra cui il cancelliere tedesco Angela Merkel, il presidente francese Macron e il primo ministro britannico Johnson, hanno firmato una lettera che chiede un trattato che permetterebbe una dittatura globale dell'OMS sui vaccini. Naturalmente, questo non è dichiarato letteralmente, ma si riduce prepotentemente al fatto che tutti i paesi, sotto il pretesto della "preparazione alla pandemia", devono cedere la loro sovranità nazionale e medica a un governo globale. Questo è esattamente ciò di cui abbiamo avvertito nel gennaio 2020, vale a dire che il coronavirus sarà usato impropriamente per stabilire un governo mondiale comunista dittatoriale, che credo fermamente diventerà il regime più duro e anti-umano che questo pianeta abbia mai conosciuto, anche se si presenterà come esattamente il contrario.

La prova più sconvolgente di ciò è l'affermazione apertamente espressa "Nessuno è al sicuro finché tutti sono al sicuro", di per sé una premessa assurda, poiché la vita non funziona così, non ha mai funzionato e non funzionerà mai così, poiché tutti dovrebbero essere costretti a rimanere permanentemente a casa. Poi ignoriamo per un momento che la maggior parte degli incidenti avviene proprio a casa.

In un momento in cui Covid-19 ha sfruttato le nostre debolezze e divisioni, dobbiamo cogliere questa opportunità e unirci come comunità globale per una cooperazione pacifica che vada oltre questa crisi", è uno degli argomenti ormai masticati della lettera per porre fine a "isolazionismo e nazionalismo".

L'obiettivo finale: la vaccinazione obbligatoria per tutti i cittadini del mondo

Anche il resto della lettera non è altro che l'ormai noioso e vuoto blaterare sulla forzatura dell'unità, presumibilmente perché questo sarebbe il meglio per l'umanità, quando in realtà si sta realizzando qualcosa di completamente diverso e con esso si creerà un'orribile distopia.

In effetti, "Nessuno è al sicuro finché tutti sono al sicuro" è una minaccia sottilmente velata alle persone che non vogliono essere iniettate con sostanze sperimentali di manipolazione genetica commercializzate come "vaccini" per gli uomini (e le donne e i bambini). Indica che i leader mondiali hanno deciso da tempo dove vogliono andare, vale a dire la vaccinazione obbligatoria, pena l'esclusione totale dalla società (e, col tempo, anche la pena di farsi togliere tutti i diritti e tutti i beni, presumibilmente seguita da un'incarcerazione forzata in un "campo di rieducazione").

Se la prima pandemia non vi convince, la seconda lo farà.

Si può essere sicuri che questa coazione a vaccinare arriverà, per quanto spesso venga negata. Dopo tutto, Bill Gates ha gongolato apertamente durante un'intervista televisiva: Se la prima pandemia non vi convince, lo farà la seconda.

Quindi sapeva già l'anno scorso che sono previste almeno due pandemie, la seconda delle quali sarà il colpo finale alla salute mentale della popolazione, che è già sotto grande pressione. Quest'ultima urlerà e griderà per la "sicurezza" e chiederà ai loro governi che i rifiutatori di vaccino - che saranno falsamente incolpati di questa seconda pandemia e delle successive chiusure - siano tutti allontanati dalla società a tutti i costi.

Quella seconda pandemia potrebbe anche essere l'annunciato "attacco bioterroristico" di Gates, molto probabilmente un'altra falsa bandiera / operazione di propaganda che gli osservatori critici ritengono possa essere causata proprio dalle vaccinazioni. Infatti, gli scienziati e altri esperti hanno ripetutamente avvertito che i vaccini possono disabilitare una parte cruciale del sistema immunitario umano, lasciando le persone vaccinate senza difese quando la corona e altri virus respiratori tornano in autunno o in inverno. Alcuni credono quindi che i vaccini stessi siano queste armi di "bioterrorismo" di cui Gates ha avvertito nel 2020.

Il cristianesimo istituzionale fa parte dell'ultimo impero mondiale

All'inizio di quest'anno, l'arcivescovo cattolico Viganò ha avvertito che il "Grande Reset", di cui l'annunciata dittatura OMS/WEF/ONU/UE sarà una parte centrale, non è altro che l'instaurazione dell'"Impero dell'Anticristo" (meglio, Impero della "Bestia", perché il termine "anticristo" non appare da nessuna parte nell'intero libro apocalittico dell'Apocalisse, e quindi non si riferisce a una singola persona) predetto nella Bibbia. Anche se ho poco rispetto per la sua denominazione, sono d'accordo con lui in questo senso.

La cosa triste è che è proprio il cristianesimo istituzionalizzato che permette, facilita e promuove la venuta di quell'impero mondiale finale, transnazionale e anticristiano (e anche questo, tra l'altro, è predetto nelle profezie bibliche). Papa Francesco ha già chiesto un "vaccino universale per tutta l'umanità" l'anno scorso, suggerendo persino che non farsi vaccinare è un peccato (mortale). La maggior parte degli altri movimenti cristiani, dai protestanti conservatori agli evangelici e pentecostali, sono più o meno d'accordo con lui. Considerate anche i molti partiti cristiani, ministri e capi di governo che sono proprio dietro questa agenda e la stanno portando avanti.

In tutto il mondo milioni di cristiani hanno atteso con ansia "la fine dei tempi". Ora che il tempo sembra davvero essere arrivato, la maggior parte di loro sembra improvvisamente non volerne sapere nulla, solo perché la venuta del predetto regno della Bestia avverrà in modo diverso e in parte con metodi diversi da quelli che sono stati portati a credere dai "trattati di solletico alle orecchie" per tutto questo tempo. Di più: molti ci stanno effettivamente lavorando per piena convinzione.

I New Agers si aspettano l'ordine mondiale luciferiano da quasi un secolo

Il 28 marzo 2009, quindi quasi al giorno 12 anni fa, abbiamo scritto che i New Agers di alto livello hanno predetto che nel 2012 sotto il presidente Barack Obama sarebbe stato stabilito l'"ordine mondiale luciferiano". Non intendevano forse il 2012, ma forse il 2021?

L'umanità si sta muovendo verso una nuova civiltà e una cultura mondiale New Age, che sarà conosciuta come l'Età della Luce", ha scritto il New Ager Tom Carney nel 2009 su "Thoughtline", indicando la famigerata occultista Alice Bailey (la cui ONG Lucis Trust è riconosciuta dall'ONU) e il suo "Nuovo Gruppo di Servitori del Mondo" (notare anche la piramide e l'arcobaleno), fondato già nel 1924, e il suo "Grande Piano" per l'umanità. Nella visione dei teosofi come la Bailey e di molti altri New Agers come Helena Blavatsky, colui che porterà questa 'Luce' è il 'Portatore di Luce', Lucifero, indicato nella Bibbia come il diavolo, Satana.

Ci sono teorie che affermano che i vaccini mRNA sono necessari per modificare il nostro DNA in modo tale che presto saremo tutti completamente controllabili, manipolabili e automaticamente obbedienti seguaci di questa falsa luce. Se sia davvero così resta da vedere, ma la rivista New Age "Innerchange" ha letteralmente parlato nel suo primo numero del 2009 di un "archetipo di Lucifero" come "il nuovo essere umano" che avrebbe popolato la terra in un futuro molto prossimo.

È una speculazione, ma forse i 12 anni successivi sono stati utilizzati per collocare questi "archetipi" in posizioni di potere nei governi nazionali, nelle organizzazioni sovranazionali e nelle istituzioni religiose in modo che al momento giusto, forse approfittando della paura deliberatamente instillata di un virus respiratorio medio, potessero prendere il potere totale per realizzare questo ordine mondiale luciferiano, questo biblico "regno della Bestia".

Capitolo 5: L'internet dei corpi

La tecnologia per collegare digitalmente tutte le persone all'intelligenza artificiale e privarle di tutta la loro privacy e del libero arbitrio è già pronta, e secondo il WEF sarà obbligatoria entro il 2030

Nel suo libro 'Covid-19: Il Grande Reset', l'uomo di punta del WEF Klaus Schwab scrive come entro il 2030 sarà realizzato un 'Internet dei Corpi', e i corpi di TUTTE le persone saranno obbligatoriamente collegati a sistemi centrali di I.A.

Anche i vostri pensieri, desideri ed emozioni saranno controllati e diretti, e non saranno mai più di 'voi stessi', perché non c'è più 'voi stessi'.

Fantasie fantascientifiche di un globalista la cui brama di potere si è impossessata di lui? Forse, ma gli scienziati hanno recentemente pubblicato un documento che dettaglia il nanosistema magnetico necessario per integrare una bio-interfaccia cibernetica (compreso il 'DNA idrogel') in ogni essere umano. Così, la tecnologia per porre definitivamente fine all'umanità libera e realizzare l'orribile visione 'cyborg' di Schwab è a portata di mano.

La rivista Aggregate Open Access ha pubblicato a gennaio il documento 'Nanomateriali magnetici auto-assemblati: Versatili nanopiattaforme terapeutiche per il cancro'. L'abstract afferma che "una vasta gamma di nanosistemi magnetici può essere creata utilizzando l'auto-assemblaggio come strumento sintetico".

SPIONs

Nell'industria biotecnologica, i campi magnetici sono stati a lungo utilizzati per questi "nanomateriali magnetici auto-assemblati (MNMs)". Esempio: nanoparticelle di ossido di ferro, che possono avere proprietà magnetiche in certe forme. Già nel 2004, uno studio sulla costruzione di nanofili di ossido di ferro utilizzando campi magnetici è stato pubblicato sulla rivista Advanced Materials.

Queste nanoparticelle sono conosciute come SPION (Super Paramagnetic Iron Oxide Nanoparticles), che, secondo il documento, 'possono giocare un ruolo importante nella costruzione di DDS' (Drug Delivery Systems, come, per esempio, le iniezioni di terapia genica Covid-19 che sono ora somministrate a miliardi di persone). Anche lo studio 'Superparamagnetic Iron Oxide Nanoparticle-Based Delivery Systems for Biotherapeutics' (2012) ha dettagliato questa tecnologia.

Corpo trasformato in bio-interfaccia cibernetica

Il documento pubblicato nel gennaio 2021 indicava anche nanoparticelle (NPs) e strutture cubiche 3D autocostruite, che possono essere attivate e controllate utilizzando campi magnetici esterni. Questo potrebbe essere usato per trasformare i corpi delle persone in sistemi di bio-interfaccia cibernetica.

Secondo i ricercatori, ci vuole pochissima energia per innescare l'auto-assemblaggio di una tale bio-interfaccia nel corpo umano. Frequenze di radiazioni esterne possono essere utilizzate per attivare e far crescere questi nanofili nel corpo.

Idrogeli di DNA

Lo stesso studio menziona anche gli "idrogeli di DNA", di cui abbiamo parlato nel settembre 2020. Questi "idrogeli di DNA controllabili magneticamente" possono essere utilizzati per "programmare" il DNA. Un documento del 2019 '('DNA hydrogel-empowered biosensing') descrive come questi idrogeli possono essere utilizzati per consegnare farmaci (/ vaccini) nel corpo, riparare, creare o alterare i tessuti, come biomonitor / sensori del corpo, e come terapia del cancro.

Le proprietà dei cosiddetti idrogeli di DNA "intelligenti" possono essere cambiate con stimoli chimici o fisici. In altre parole, non solo si possono attivare e disattivare certe funzioni (come il rilascio di certe sostanze nel corpo), ma si possono anche apportare cambiamenti permanenti nei processi corporei.

Interfaccia grafene-cervello in sviluppo

Una volta che le persone hanno avuto queste nanostrutture iniettate nel loro corpo - volontariamente o inconsapevolmente attraverso le vaccinazioni, per esempio - possono essere attivate e controllate utilizzando la radiazione elettromagnetica (come il 5G). Questa tecnologia è in sviluppo da almeno 20 anni. Pertanto, non è certamente improbabile che le attuali iniezioni di Covid contengano questa nanotecnologia auto-assemblante. Recentemente, scienziati universitari spagnoli hanno esaminato il vaccino Pfizer, e hanno scoperto che consiste principalmente di nanoparticelle di ossido di grafene che NON sono elencate nel foglietto illustrativo.

La società tecnologica INBRAIN Neuroelectronics ha ricevuto una sovvenzione di 17 milioni di dollari all'inizio di quest'anno per sviluppare la prima interfaccia grafene-cervello guidata dall'intelligenza artificiale, destinata a "trattare condizioni neurologiche (come il Parkinson e l'epilessia) utilizzando l'intelligenza artificiale ed elettrodi di grafene". Naturalmente, sarebbe fantastico se queste condizioni potessero finalmente essere curate, ma non è questo il punto di questo documento. Esso mostra che i biocircuiti che influenzano e controllano il cervello basati sul grafene sono ora molto reali.

Le iniezioni di Covid formano la costruzione del "sistema operativo" della "Bestia"?

In breve: i "fact checkers" dei media mainstream possono gridare "teoria della cospirazione" e "disinformazione" quanto vogliono, ignorando numerose pubblicazioni scientifiche che dimostrano che questa nanotecnologia è in fase di sviluppo da molto tempo, e potrebbe già essere "segretamente" incorporata in massa in iniezioni di terapia genica confezionate come "vaccini". Ma anche se questo non fosse ancora il caso, gli ultimi studi scientifici mostrano che l'orribile visione di Klaus Schwab per il futuro dell'umanità può ora essere realizzata tecnologicamente.

(Tenete presente che in una lettera a Klaus Schwab, il primo ministro autocratico del nostro paese ha letteralmente definito questa visione un "futuro pieno di speranza", e che il partner con cui ora sta scrivendo un accordo di coalizione è un "collaboratore dell'Agenda" del suo Forum economico mondiale, ed è anche un membro del consiglio di amministrazione del Global Preparedness Monitoring dell'OMS, uno dei principali motori della pandemia di corona. Entrambi i leader di partito sono quindi grandi sostenitori del "Grande Reset" comunista e dell'"Agenda 2030").

Le iniezioni di terapia genica Covid-19 sembrano quindi essere l'inizio della costruzione di un "sistema operativo", più o meno come MS-DOS su cui si basavano le vecchie versioni di Windows (e che in Windows-10, a proposito, può ancora essere richiamato usando il prompt del DOS). Questo sistema operativo è necessario per trasformare tutti gli esseri umani in 'cyborg' totalmente controllabili entro pochi anni, che non avranno più alcun libero arbitrio indipendente. È l'inizio dell'integrazione con il 'Sistema della Bestia', dal quale a un certo punto non sarà più possibile fuggire.

Capitolo 6: Vaccinazioni forzate

Il WEF suggerisce ai governi di usare "Squadre SWAT di vaccinazione" che andrebbero porta a porta dai rifiutanti per "incoraggiarli" a farsi vaccinare comunque. Questo è solo un passo lontano dall'orrore mostrato sopra.

Il World Economic Forum ha pubblicato un "advisory" per i governi e le agenzie mediche con una tabella di marcia su come manipolare le persone a farsi vaccinare contro il Covid-19. In primo luogo, influenzare il modo in cui la gente pensa e sente la vaccinazione con la propaganda. Mettere medici e altri "esperti" davanti alle telecamere a ripetere questa propaganda, e cercare di convincere gli scettici promettendo loro ogni sorta di cose, se solo si lasceranno iniettare. In definitiva, si deve usare la massima coercizione indiretta, con tanto di squadre SWAT di vaccinazione che andranno porta a

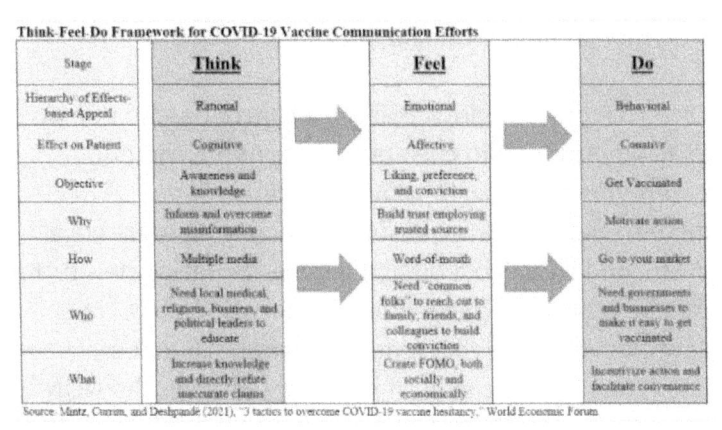

Think-Feel-Do Framework for COVID-19 Vaccine Communication Efforts

Stage	Think	Feel	Do
Hierarchy of Effects-based Appeal	Rational	Emotional	Behavioral
Effect on Patient	Cognitive	Affective	Conative
Objective	Awareness and knowledge	Liking, preference, and conviction	Get Vaccinated
Why	Inform and overcome misinformation	Build trust employing trusted sources	Motivate action
How	Multiple media	Word-of-mouth	Go to your market
Who	Need local medical, religious, business, and political leaders to educate	Need "common folks" to reach out to family, friends, and colleagues to build conviction	Need governments and businesses to make it easy to get vaccinated
What	Increase knowledge and directly refute inaccurate claims	Create FOMO, both socially and economically	Incentivize action and facilitate convenience

Source: Mintz, Currim, and Deshpande (2021), "3 tactics to overcome COVID-19 vaccine hesitancy," World Economic Forum

porta.

La tabella di marcia si basa sulla Gerarchia Quadro delle Conseguenze, che afferma che la gente prima pensa, poi sente, e poi fa. Secondo il WEF, i responsabili politici attualmente si concentrano principalmente sulle persone che vogliono comunque prendere il vaccino, mentre l'attenzione dovrebbe essere rivolta a persuadere i dubbiosi e i rifiutanti.

Percezione e narrazione

Il passo 1 consiste nell'"aumentare la conoscenza e superare la disinformazione". Oltre ai media, la gente dovrebbe essere indirizzata personalmente via e-mail e telefono. La ricerca mostra che molti dubbiosi sentono che il vaccino viene fatto passare troppo in fretta, e gli effetti collaterali - che hanno dimostrato di essere molte volte superiori a tutti gli altri vaccini messi insieme - vengono banalizzati.

Questo è più che giustificato, tra l'altro, perché questo è esattamente quello che sta succedendo e che può essere dimostrato con prove concrete e fatti incontrovertibili. Ma questo non è ciò che interessa al WEF - né all'OMS o a qualsiasi governo nazionale - tutto ciò che conta è la percezione, la narrazione a cui la gente deve arrivare a credere in massa. Quindi è possibile che le persone si iniettino sostanze che NON sono state ufficialmente approvate o trovate sicure, ma hanno solo un permesso di emergenza. Solo nel 2024 si deve dimostrare se, per esempio, il vaccino di AstraZeneca è abbastanza sicuro per gli anziani e i malati cronici.

Metà giugno: Più di 23.000 morti da vaccino in USA, UE e Gran Bretagna

La percezione che questi vaccini sono "sicuri" non dovrebbe ovviamente essere compromessa da, per esempio, lo schema MHRA Yellow Card, la versione britannica del VAERS americano e l'Eudravigilance europea che traccia le contro-reazioni e le reazioni avverse. A proposito, l'MHRA stima che solo dall'1% al 10% sono registrati. Per il VAERS è dall'1% al 13%, e per le statistiche UE è quindi improbabile che sia molto più alto.

Il 21° aggiornamento del governo MHRA ha già elencato quasi un milione di persone con reazioni avverse da lievi a molto gravi, e 1356 morti da vaccino. A metà giugno, il contatore era di quasi 6.000 morti negli Stati Uniti, e quasi 16.000 nell'UE. Nota: queste sono solo le cifre ufficiali, che quindi includono solo una percentuale molto piccola. Inoltre, negli Stati Uniti vengono contate solo le persone che sviluppano problemi di salute nei primi 3 giorni dopo la vaccinazione. Già a partire dal 4° giorno, una grave reazione avversa o la morte contano come una "coincidenza".

Molestare, escludere e stigmatizzare chi rifiuta

Nella fase 2, i dubbiosi e i rifiutanti dovrebbero essere attaccati personalmente il più possibile. Con telefonate, e-mail e stigmatizzazione (come "wappies") dovrebbero avere una tale sensazione di esclusione e sentirsi così colpevoli che cambieranno idea e si inietteranno, solo per appartenere ed essere accettati di nuovo.

Il WEF indica la strategia di propaganda di successo usata in Canada negli anni '30 e '40: "Se i vostri figli muoiono di difterite, è colpa vostra perché non fate alcuno sforzo per proteggerli da essa". Esattamente la stessa cosa viene fatta ora con il Covid-19. Il fatto che persino l'OMS abbia ammesso che queste iniezioni sperimentali di terapia genica non proteggono dalle infezioni e dalla diffusione è palesemente del tutto irrilevante, così come il fatto che la riduzione del rischio stabilita di tutti i vaccini noti per la corona è solo dello 0,8%-1,3% (nel paese top delle vaccinazioni Israele addirittura solo dello 0,46%).

Durante le fasi molto limitate e frettolose dei test con gli esseri umani - normalmente tali studi richiedono molti anni per essere completati - l'unica cosa esaminata era se le persone vaccinate e non vaccinate si ammalavano quando venivano infettate dal Covid-19, e se sì, quanto gravemente. Tuttavia, i soggetti dei test non sono stati esposti al virus; le misurazioni di ciò che sarebbe successo in quel caso sono state fatte "dal vivo" con l'intera popolazione, che è stata così deliberatamente resa cavia dei produttori del vaccino.

Guerra psicologica

Il WEF ritiene che questi siano i metodi migliori per "riaprire" la società, "ripristinare l'economia" e raggiungere "l'immunità di gruppo" il più rapidamente possibile. Si ignora il fatto che l'immunità di gruppo naturale è già largamente presente, così come il fatto ancora più importante che l'immunità di gruppo naturale è molte volte più robusta e soprattutto più duratura della cosiddetta "immunità da vaccino". Questo non è mai riuscito nemmeno con i vaccini antinfluenzali, né con qualsiasi altro vaccino per un virus respiratorio.

Sono stati i governi tirannici e i loro consiglieri scientifici unidimensionali a chiudere e distruggere l'economia, ma questo non sarebbe stato possibile senza l'obbedienza incondizionata del pubblico", conclude il Daily Expose. Ma possiamo davvero biasimare il pubblico, viste le tattiche di guerra psicologica scatenate su di loro dalle autorità per farli collaborare? Questa guerra psicologica ha innescato una risposta di paura, e li ha plasmati in agnelli sacrificali con la scusa del 'lo facciamo per gli altri'".

"Decadente" e "senza fatti", ma per chi vale?

È esattamente questo tipo di tattiche di propaganda, che sembrano copiate direttamente da Joseph Goebbels e dal Reichsmarschall Göring, che il WEF ora raccomanda. E che dire del nostro propagandista nazionale dei vaccini, il ministro Hugo de Jonge, che ha definito questi vaccini "la cosa migliore che ci potesse capitare"? In un'intervista, applica in pieno il passo-2 del "consiglio" del WEF chiamando gli oppositori dei vaccini "decadenti" e "senza fatti".

Niente sul numero senza precedenti di vittime dei vaccini, che lui stesso può leggere nelle statistiche ufficiali. Niente sulla linea sempre crescente di medici e scienziati, compresi i premi Nobel, che si sono rivolti contro queste iniezioni sperimentali di manipolazione genetica confezionate come "vaccini" nei termini più forti e con avvertimenti.

Questi sarebbero tutti 'decadenti' e 'senza fatti'? Lui, con la sua totale mancanza di qualsiasi formazione scientifica, può concludere così? Bene, la mia opinione personale è che sta promuovendo sempre più apertamente un fascismo medico che va ben oltre il 'senza fatti' e 'decadente', e dovrebbe piuttosto essere caratterizzato come 'bugiardo' e 'criminale'. Alcuni scienziati di alto livello, come l'ex vicepresidente della Pfizer Dr. Mike Yeadon, chiamano addirittura 'omicidio di massa', 'spopolamento' e 'iniezioni di veleno' ciò che viene fatto con questi 'vaccini'.

Ma ora che il WEF sta raccomandando che le squadre SWAT di vaccinazione vadano porta a porta, alcuni dei più grandi fascisti dell'Aia saranno probabilmente ansiosi di mettere in azione questo "consiglio", soprattutto perché la Francia sta seriamente considerando di rendere le vaccinazioni obbligatorie per i giovani dai 24 ai 59 anni. Non si mette bene nemmeno per i Paesi Bassi, perché i due partiti che sono tra i maggiori sostenitori delle vaccinazioni obbligatorie - che, secondo il Codice di Norimberga, sono crimini contro l'umanità - stanno ora lavorando a un accordo di coalizione.

Capitolo 7: Infertilità Covid?

Sulla base di questi documenti ufficiali, le donne che desiderano avere figli dovrebbero pensarci due volte prima di essere vaccinate contro il Covid-19 - Comitato governativo britannico sulla vaccinazione e l'immunizzazione: "La gravidanza dovrebbe essere esclusa prima di vaccinare, e non abbiamo studiato le interazioni con altri farmaci"

I volantini e le istruzioni per la cura del vaccino 'nano' mRNA della Pfizer/BioNTech, che sarà somministrato alla popolazione britannica dalla prossima settimana, avvertono esplicitamente di non dare il vaccino ai bambini sotto i 16 anni e alle donne incinte: "Prima di vaccinare, la gravidanza dovrebbe essere esclusa". Le persone con difese indebolite - che non hanno partecipato alle fasi di sperimentazione clinica - e quelle che assumono regolarmente farmaci sono 'consigliate' di contattare prima un medico. Le donne che si fanno iniettare il vaccino devono fare attenzione a non rimanere incinte per i primi 2 mesi dopo la seconda dose, che deve essere presa 21 giorni dopo la prima.

Potreste dire: queste avvertenze non sono così anormali, vero? Si trovano anche nella maggior parte dei foglietti illustrativi delle medicine normali. In effetti, lo sono. Tuttavia, questi sono farmaci destinati a persone che soffrono di una malattia o di una condizione, non a persone sane, che ora dovrebbero tutte ricevere un vaccino Covid.

Il Joint Committee on Vaccination and Immunization ha consigliato alle donne incinte e alle donne che vogliono diventare incinte di non prendere affatto il vaccino. Questo significa che il vaccino non è semplicemente considerato sicuro per questi gruppi.

Nessun studio di interazione con altri medicinali".

Agli assistenti viene dato l'avvertimento speciale in queste istruzioni che medici e attrezzature devono essere tenuti pronti "in caso di un raro evento anafilattico in seguito alla somministrazione del vaccino". Abbiamo recentemente riportato che i documenti ufficiali mostrano che il governo britannico, tuttavia, si aspetta "un alto numero" di gravi reazioni avverse, le cosiddette A.D.R. (Adverse Drug Reactions). Le A.D.R. includono malattie gravi, malattie e disabilità a lungo termine o permanenti e decessi.

Come con qualsiasi vaccino, la vaccinazione con il vaccino Covid-19 mRNA BNT162b2 non protegge tutti i destinatari del vaccino. Non sono disponibili dati sull'uso di questo vaccino in persone che hanno precedentemente ricevuto una serie completa o parziale con un altro vaccino Covid-19. Inoltre, "non sono stati condotti studi di interazione (con altri medicinali)". Sarà chiaro perché abbiamo sottolineato questo, perché solo in Germania, milioni di persone prendono uno o più farmaci ogni giorno.

Ci sono parecchi over 16 che hanno sperimentato effetti collaterali "da lievi a moderati" durante le fasi di test: L'80+% ha avuto dolore al sito di vaccinazione, il 60+% ha sperimentato stanchezza, il 50+% mal di testa, il 30+% dolori muscolari, il 30+% brividi, il 20+% dolori articolari e il 10+% febbre. Questi effetti collaterali "di solito sono scomparsi pochi giorni dopo la vaccinazione". Arrossamento e gonfiore del sito di iniezione e nausea erano anche tra gli effetti collaterali "frequenti".

Nessun test con persone con un sistema immunitario indebolito

Le persone con un sistema immunitario palesemente indebolito sono state escluse dalle fasi di sperimentazione clinica. Nella seconda fase, anche se il 40% dei soggetti del test erano persone oltre i 56 anni, le statistiche mostrano che il Covid-19 non rappresenta quasi nessun pericolo per le persone fino a 70 anni (l'IFR confermato dall'OMS è solo dello 0,05%). Le persone oltre i 70 anni sono state testate? Presumibilmente no, dato che la maggior parte di loro ha un sistema immunitario indebolito o addirittura non funzionante.

In effetti, lo stesso governo britannico non è nemmeno sicuro che il vaccino funzioni: "Il vaccino suscita sia anticorpi neutralizzanti che una risposta immunitaria cellulare all'antigene spike (S), che può aiutare a proteggere dalla malattia Covid-19". (grassetto e sottolineato aggiunto). Questo da solo annulla l'efficacia media del 95% durante le fasi di sperimentazione clinica riportate anche in queste istruzioni. Quella percentuale si basa anche sul test PCR, ora totalmente sfatato per questo scopo, che è stato utilizzato per testare i partecipanti sia nel gruppo vaccinato che nel gruppo placebo per vedere se erano diventati 'infetti'.

Sconosciuti gli effetti sulla fertilità e lo sviluppo umano

Ma non si ferma qui. Le istruzioni per i fornitori di assistenza sanitaria affermano letteralmente che "non è noto se il vaccino Covid-19 mRNA BNT162b2 influenzi la fertilità. Ciò significa che c'è una possibilità che questo vaccino possa renderti sterile.

Al punto 4.6 "Fertilità, gravidanza e allattamento" si afferma che "non ci sono dati, o ce ne sono pochi, sull'uso del vaccino Covid-19 mRNA. Gli studi di tossicità riproduttiva sugli animali non sono stati completati. Il vaccino Covid-19 mRNA BNT162b2 non è raccomandato durante la gravidanza. Per le donne in età fertile, la gravidanza deve essere esclusa prima della vaccinazione. Inoltre, alle donne che possono dare alla luce bambini dovrebbe essere consigliato di evitare la gravidanza per almeno 2 mesi dopo la loro seconda dose".

Nella sezione 5.3 "Dati preclinici di sicurezza" si ribadisce che "I dati non clinici non mostrano alcun pericolo speciale per gli esseri umani sulla base di uno studio convenzionale con dosi ripetute di tossicità. Gli studi sugli animali sulla potenziale tossicità per la riproduzione e lo sviluppo non sono stati completati". (enfasi aggiunta)

Lasciate che questo affondi per un momento.

Le prove sugli animali per vedere se questo vaccino ha qualche effetto sulla riproduzione, cioè la riproduzione, e lo sviluppo, non sono nemmeno state completate. Questo significa che non abbiamo idea (ancora?) se questo vaccino influenzerà la riproduzione e lo sviluppo di chiunque lo riceva. O forse un'idea ce l'hanno, e sono rimasti così sciocchi dai risultati che hanno deciso di non completare nemmeno i test sugli animali?

Presunto informatore GSK: "Il vaccino ha causato il 97% di sterilità nella fase di test

Il 21 novembre, abbiamo scritto nel nostro articolo "Nano particelle nel vaccino Pfizer secondo il ministro De Jonge 'rischio', ma il vaccino ci sarà comunque": Il presentatore americano David Knight ha recentemente citato un whistleblower del gigante farmaceutico GSK (il link funziona di nuovo), che ha rivelato che i cosiddetti adiuvanti 'anti-HCG' (ormoni) nei vaccini corona causano il 97% di sterilità. Infatti, durante una sperimentazione clinica del vaccino GSK, 61 donne su 63 sono risultate sterili.

In una variante sviluppata per gli uomini con un anti-GNRH (ormone), i testicoli si ridurrebbero, i livelli di testosterone scenderebbero e il DNA mitocondriale nello sperma sarebbe distrutto, causando infertilità nelle donne. Questo sarebbe stato osservato durante i test del vaccino sui babbuini.

Secondo il portavoce britannico di Govote.org, di cui Knight ha mostrato un videoclip, questo si tradurrà in masse di persone che moriranno a causa dei vaccini Covid-19 nei prossimi anni, mentre praticamente non nasceranno più bambini. Se questa è la loro intenzione, avremo una massiccia riduzione della popolazione globale, di cui Bill Gates parla da anni". Ecco perché Govote.org vuole che i vaccini siano testati in laboratori indipendenti.

Il vaccino può attaccare una proteina essenziale nelle donne rendendole sterili

I vaccini mRNA programmano il corpo stesso a produrre anticorpi contro la proteina "spike" del virus SARS-CoV-2. Le seguenti informazioni non confermate a questo proposito necessitano di ulteriori studi e verifiche: "Le proteine spike contengono anche protieni omologhi alla syncytin, che sono essenziali per la formazione della placenta nei mammiferi come l'uomo. Dovrebbe essere assolutamente escluso che un vaccino contro la SARS-CoV-2 possa innescare una risposta immunitaria contro la sincitina-1, perché altrimenti potrebbe verificarsi infertilità di durata indefinita nelle donne vaccinate".

Il vaccino contiene una proteina spike chiamata syncytin-1, vitale per la formazione della placenta umana nelle donne. Se (il vaccino) funziona e si forma così una risposta immunitaria contro la proteina spike, stiamo anche allenando il corpo femminile ad attaccare la sincitina-1, che può portare all'infertilità nelle donne.

Dato che questi vaccini ci vengono imposti, ma nonostante ciò vi viene data in anticipo la piena responsabilità se le cose vanno male, questo significa quindi che SE voi come donna o uomo diventate davvero sterili a causa di questo vaccino, la colpa è tutta vostra. Dopo tutto, i produttori e le autorità mediche non si ritengono già responsabili di questo. Tuttavia, sarete presto puniti se rifiutate queste vaccinazioni, e potrebbe esservi negato l'accesso ad aerei, edifici, negozi ed eventi. E questo sarà probabilmente solo l'inizio della totale esclusione sociale e societaria.

Capitolo 8: Spopolamento imminente

Una parte sostanziale della popolazione mondiale può essere gravemente ferita o morire a causa di questi vaccini genetici" - "I medici e i vaccinatori che somministrano questo vaccino devono rendersi conto che stanno condannando alcune persone a una morte non necessaria".

Siamo stati massicciamente ingannati dai nostri leader e dai loro consiglieri", ha detto il dottor Mike Yeadon, ex vicepresidente della Pfizer, in un'intervista alla Stiftung Corona Ausschuss tedesca poco meno di due settimane fa. Quello che sto per dire sconvolgerà tutti". Yeadon ha avvertito che il costante 'rabbocco' di vaccini corona, come ora sembra essere l'intenzione (la 'sottoscrizione di vaccini' come l'abbiamo chiamata l'anno scorso) non solo è totalmente inutile, ma anche pericolosa per la vita, perché tutti questi vaccini non passeranno attraverso il normale processo di approvazione. Le sequenze genetiche saranno iniettate direttamente nelle braccia di centinaia di milioni di persone... Questo potrebbe causare gravi lesioni e morte in una parte significativa della popolazione mondiale".

L'immunologo ed esperto di organi respiratori Yeadon - che, tra l'altro, è stato lontano dalla Pfizer per circa 10 anni - ha detto che ha trovato il "numero molto grande di morti" dopo le vaccinazioni corona "non una coincidenza". Ha definito "arrogante" da parte dei produttori di vaccini presumere che questi nuovi vaccini, che istruiscono il corpo a produrre una proteina spike del virus corona, non avrebbero causato grandi problemi, perché gli studi scientifici avevano già dimostrato il pericolo che questa tecnologia avrebbe causato una risposta (auto)immunitaria troppo forte in moltissime persone, che potrebbe farle ammalare gravemente o addirittura ucciderle. Gli ultimi tre mesi hanno dimostrato che questo è effettivamente il caso.

Tutti questi vaccini genetici (Pfizer-AstraZeneca-Moderna) presentano un rischio fondamentale per la sicurezza della popolazione", ha avvertito.

A causa della scarsa connessione, il Dr. Reiner Füllmich, uno dei capi del comitato tedesco, ha riassunto quanto aveva detto. Secondo il Dr. Yeadon, ciò che sta accadendo ora è un crimine molto grave, commesso da 'cattivi attori', la nostra stessa élite politica e autoproclamata 'scientifica'... La proteina spike è biologicamente attiva, e viene replicata con precisione dai vaccini. Questo provoca una reazione autoimmune, come una tempesta di citochine. Diverse migliaia di persone sono già morte per questo in Europa. In Israele, anche 40 volte più persone sopra gli 80 anni e 260 volte più giovani sono già morte per il vaccino che per il Covid-19. Da tutti gli altri paesi riceviamo rapporti simili".

Tutti i vaccini stimolano il tuo corpo a produrre quella proteina spike, e questo non è una buona cosa per te... È biologicamente attiva, avvia processi biologici e provoca la totale interruzione o addirittura la distruzione di alcune funzioni del corpo", ha ripetuto Yeadon.

Permettere questi vaccini è stato un grave errore di giudizio da parte delle agenzie

L'avvocato Viviane Fischer gli ha chiesto se c'è qualcosa che può fermare di nuovo questo processo nel corpo. Yeadon dice che ci sono farmaci che possono almeno fermare una risposta immunitaria eccessiva. Ho lavorato nella R&S (ricerca e sviluppo) farmaceutica per più di 30 anni, compreso lo sviluppo dei beta-bloccanti... Sono stato anche formato in tossicologia dai migliori esperti. Solo ora mi rendo conto che questi vaccini, invece di essere 'fantastici' o 'alla Star Trek' e 'del 21° secolo', sono in realtà una regressione rispetto ai vaccini vecchio stile, che introducono un agente patogeno indebolito contro il quale il corpo inizia a produrre anticorpi'.

'Ci viene detto che questi nuovi vaccini sono in qualche modo migliori, ma in realtà, come ho descritto, sono inevitabilmente sbagliati. Quindi non li userei mai per questo scopo, ma solo per trattare il cancro, dove si possono ancora tollerare le inevitabili reazioni variabili del corpo'.

Penso che sia un errore di giudizio molto grave da parte delle autorità permettere questi vaccini... Per esempio, i produttori non sono obbligati ad esaminare le conseguenze genetiche (di questi vaccini) nel vostro corpo. Lo stesso vale per l'impatto su vari processi biologici. Tutto quello che dovevano dimostrare era una risposta immunitaria e una qualche forma di "protezione" dal virus. Non hanno esaminato il resto, credo, ed è per questo che ora stanno accadendo tutti i tipi di cose (alle persone vaccinate)".

Gli effetti dei vaccini possono colpire dopo giorni, settimane, mesi o addirittura anni

Dipende dal sistema immunitario della persona e dalla risposta delle sue cellule alle istruzioni genetiche se questi effetti si verificano subito, a breve termine, o solo a medio o lungo termine. Quindi le persone che sono vaccinate ora e dicono "non succederà nulla" non sono sicuramente al sicuro. Gli effetti possono colpire domani, il mese prossimo, l'anno prossimo o anche dopo qualche anno. Se fossi un'istituzione (medica) non fornirei più questi vaccini", ha sottolineato Yeadon.

Nel frattempo, decine di milioni di europei e più di 100 milioni di americani sono già stati iniettati con loro, e non sembra che i politici abbiano nemmeno intenzione di considerare se questi "vaccini" confezionati come ingegneria genetica sono davvero così "sicuri" come sostengono i produttori.

Il Dr. Füllmich ha poi ribadito le parole di Yeadon che i "vaccini" ora dispensati non sono in realtà vaccini, ma "qualcosa di completamente diverso. È classificato come vaccino solo perché è usato come un vaccino". Tuttavia, non sono vaccini, ma sostanze che equivalgono alla terapia genetica, alla manipolazione genetica. La cosa peggiore è che moltissimi effetti collaterali (gravi) potrebbero non essere legati a queste sostanze, proprio perché sono falsamente usate come "vaccini".

Smettete di condannare le persone sane a una morte inutile

Yeadon: 'Quindi i medici e i vaccinatori di tutto il mondo devono rendersi conto che se qualcuno non mostra alcuna reazione immediata dopo la vaccinazione, questo non dice assolutamente nulla... E cosa diavolo state facendo voi ragazzi incoraggiando questo 'vaccino' in persone giovani e sane, quando statisticamente non hanno quasi nessuna possibilità di ammalarsi? State mentendo quando dite che lo fate per gli altri, e quindi tutti dovrebbero essere vaccinati. Non dovrebbero!

(Tranne i gruppi a rischio più vulnerabili) tutti gli altri non hanno bisogno di questo vaccino. Quindi, se siete un medico o un operatore, vi dico che state condannando alcune persone a una morte inutile. Quindi ascolta il tuo giuramento di Ippocrate, e smetti di fornire questo vaccino a persone sane. Allora farai ciò che è giusto".

I massacri nelle case di cura tedesche continuano senza sosta

Füllmich indica poi numerosi rapporti di informatori che rivelano ripetutamente che moltissime persone nelle case di cura soccombono in poche settimane alle gravi controreazioni causate dal vaccino. In alcune case di cura, il 20% è già morto, e questo anche se in un caso nessun residente era risultato positivo al coronavirus. Inoltre, un altro 10-20% si è ammalato molto gravemente.

Quindi, da quello che abbiamo sentito, questi vaccini rappresentano un serio pericolo non solo per i giovani, ma anche per gli anziani. Forse i gruppi ad alto rischio dovrebbero iniziare a proteggere in modo diverso?

Non sono contro i vaccini, ma sono contro questi vaccini

Yeadon: "Non sono un anti-vaxxer, lasciatemi chiarire. Sono a favore della sicurezza, e ho lavorato tutta la mia vita cercando modi per combattere le malattie. Quindi non sono contro i vaccini, ma sono contro questi vaccini, a causa del modo in cui sono progettati, come funzionano, e a causa dei gravi effetti collaterali in alcune persone".

'Male affermare che possono verificarsi mutazioni letali'

America's Frontline Doctors ha pubblicato la propria intervista con il dottor Yeadon il 25 marzo. In essa, ha dichiarato di trovare "molto sospetto" il fatto che il rispettato specialista di vaccini Geert Vanden Bossche abbia avvertito che i vaccini corona potrebbero portare a mutazioni pericolose per la vita. Vanden Bossche, che ha lavorato per GSK e Novartis, tra gli altri, e ha collaborato con la Bill & Melinda Gates Foundation e l'alleanza dei vaccini GAVI, ha persino parlato di creare "un mostro incontrollabile" attraverso i vaccini corona.

A mio parere, tuttavia, è una finzione che le varianti possano sfuggire all'immunità", ha opinato Yeadon. La ricerca scientifica, ha detto, avrebbe dimostrato che questo è altamente improbabile.

Yeadon pensa quindi che ci sia un piano maligno dietro, per suscitare in questo modo la paura di mutazioni letali. Crede che sia un pretesto per continuare a iniettare costantemente a tutti nuovi vaccini in futuro. Le mutazioni, pur diventando in realtà più contagiose, diventano sempre più deboli e quindi molto meno pericolose del virus originale.

'Non c'è più fiducia nelle agenzie, il denaro di Big Pharma determina tutto'

Yeadon ha perso completamente la fiducia nelle autorità mediche, in parte perché hanno accettato denaro da Bill Gates, come, per esempio, ha fatto la Medicines and Healthcare products Regulatory Agency (MHRA). Così facendo, queste agenzie non sono più neutrali, ma sono venute a rappresentare gli interessi e i desideri dell'industria farmaceutica dei vaccini. Quindi non credo più che le agenzie siano in grado di proteggerci". Vede l'ignorare i gravi effetti collaterali di questi vaccini, o il minimizzarli (i coaguli di sangue dopo il vaccino AstraZeneca) come una chiara prova di questo.

Penso che il grande denaro di Big Pharma più quello di Bill Gates abbia creato un'atmosfera in cui non è più possibile per le agenzie dire di no (ai vaccini)... Per favore, avvertite tutti di non avvicinarsi nemmeno ai vaccini 'top up' (cioè in realtà tutti i vaccini corona che sono stati e saranno imposti su di noi). Sono assolutamente inutili! Eppure sono fatti da Pharma, e le autorità stanno a guardare (nessun test di sicurezza). Quindi posso solo concludere che sono usati per scopi malvagi".

È del tutto possibile che questi vaccini siano usati per lo spopolamento di massa

Se, per esempio, qualcuno vuole danneggiare o uccidere una parte significativa della popolazione mondiale nei prossimi anni, i sistemi che sono attualmente in fase di realizzazione lo renderanno possibile. È mia ponderata opinione che è del tutto possibile che questo possa essere usato per lo spopolamento di massa". O in altre parole, un genocidio su una scala senza precedenti, con centinaia di milioni, forse anche miliardi di vittime.

Capitolo 9: I.A. globalista.

Profilo totale di ogni cittadino: NULLA potrà più essere tenuto privato - Modello digitale di tutto il nostro pianeta in costruzione

Ora che, dopo l'Europa, anche gli Stati Uniti sono definitivamente caduti in preda al colpo di stato dell'élite mondiale globalista, nulla sembra poter ostacolare l'instaurazione di una dittatura globale totalitaria clima-vaccino. L'inizio della fase 2 del blocco di tutta la civiltà è quindi imminente, pensa il giornalista investigativo Jon Rappoport. Quella fase abbraccia la totale digitalizzazione e sottomissione all'A.I. (Intelligenze Artificiali) di tutti gli aspetti dell'economia, della società e della vita umana. Come abbiamo scritto l'anno scorso, l'alto dirigente del WEF Klaus Schwab ha annunciato che entro il 2030 al più tardi, ogni cittadino del mondo sarà obbligatoriamente "vacci-chippato", permettendo persino ai vostri pensieri e sentimenti di essere controllati e manipolati.

Attualmente siamo ancora nella fase 1 dell'isolamento della civiltà, iniziata quasi un anno fa con la messa in quarantena di 50 milioni di cinesi. Questo modello, sotto la maschera di un virus che in realtà non è mai stato più pericoloso di un'influenza, e che nessuno scienziato è ancora riuscito a isolare, è stato poi srotolato rapidamente in tutto il mondo.

Lockdown fase 2: controllo totalitario globale

La fase 2 sembra destinata ad iniziare nel 2021. Il ragionamento è che "per affrontare le future pandemie, abbiamo bisogno di un nuovo sistema di controllo globale, e il comportamento umano deve essere modificato".

Rappoport: Traduzione: sorveglianza completa ad un livello mai fatto prima; un reddito di base universale (UBI) per ogni essere umano, accoppiato con totale obbedienza allo stato; infrangi le loro regole, e il tuo reddito è ridotto o fermato; impiantare nano dispositivi nel tuo corpo che trasmetteranno (via 5G - X.) il tuo stato psicologico e i tuoi cambiamenti ad un comando centrale, e che poi riceveranno istruzioni per regolare il tuo umore e la tua risposta...'

La fase 1 era solo una preparazione per la fase 2, e fin dall'inizio non aveva nulla a che fare con la salute pubblica, scrive il giornalista investigativo. Fa tutto parte di una rivoluzione tecnocratica pianificata da tempo. Per sottolineare questo, egli cita ampie porzioni dell'articolo di Ross Andersen "The Panopticon Is Already Here", che è stato pubblicato su The Atlantic nel settembre 2020.

Modello digitale del nostro intero pianeta in costruzione

Andersen ha descritto in quell'articolo quanto sia già incredibilmente avanzata la tecnologia A.I. (intelligenza artificiale). La traduzione immediata delle lingue straniere e il rilevamento precoce delle epidemie di virus sono già possibili. Il presidente cinese Xi sta usando l'A.I. per sottoporre l'intera popolazione a una rete di controllo totalitario, da cui è impossibile fuggire. Il resto del mondo ha già iniziato a copiare questo sistema.

Solo in Cina sono state installate centinaia di milioni di telecamere, che saranno miliardi in pochi anni. Queste telecamere monitoreranno i movimenti dei cittadini in tempo reale. In qualsiasi momento, TUTTE le informazioni su ogni cittadino saranno note. Se c'è anche solo qualcosa che non è giusto o non voluto, i sistemi A.I. prenderanno automaticamente provvedimenti già nel prossimo futuro, sia che si tratti di bloccare i conti bancari e le comunicazioni di chi "rifiuta il sistema", o di inviare droni o robot per arrestare la persona che agisce "male" - ed entro 10 anni anche che pensa male.

Uno stato autoritario con sufficiente potenza di calcolo (A.I.) potrebbe costringere i produttori di tali software a inviare ogni blip nell'attività neurale dei cittadini a un database governativo", ha detto Andersen. Usando l'A.I. e i computer quantistici, sarà creato un modello digitale di tutte le città, e poi di interi paesi e persino del mondo intero. Quel modello digitale, una copia del nostro intero pianeta nei minimi dettagli, sarà aggiornato ogni millisecondo.

La Cina ha già iniziato di recente a imporre un'app di propaganda. Il governo può usare tale app per utilizzare un software di tracciamento delle emozioni per monitorare le reazioni alle mosse politiche".
Innumerevoli droni con telecamere gigapixel, a volte travestiti da piccioni, stanno già monitorando intere città, leggendo le targhe e tracciando i passi dei residenti. Già nel prossimo futuro è possibile creare un modello multidimensionale in tempo reale in cui tutte le attività di praticamente ogni cittadino saranno monitorate e registrate da tutte le angolazioni e punti di vista.

Profilo totale di ogni cittadino: Nulla potrà più essere tenuto privato

Un profilo totale con "punteggio di credito sociale" sarà redatto per ogni persona. La privacy appartiene al passato, NULLA può più essere tenuto privato o nascosto. Tutti gli acquisti, le comunicazioni, i viaggi, i movimenti e gli interessi saranno tracciati, controllati, valutati ed elaborati nel 'punteggio di credito sociale' che è stato introdotto qualche anno fa. Se qualcuno mostra un qualsiasi comportamento anomalo 'sospetto', vengono prese misure immediate. I falsi positivi - cioè le persone che vengono accusate e arrestate e/o punite per un comportamento innocuo - sono in realtà incoraggiati, al fine di instillare nella gente la paura di fare anche il minimo passo falso.

Anche prestando troppa poca attenzione alle app e ai messaggi di propaganda del governo, un'intelligenza artificiale può imporre restrizioni a un cittadino, come il blocco dell'accesso a certi edifici, aree della città, trasporti pubblici o viaggi aerei (come si sta già facendo in Cina). Può mettere qualcuno in un "blocco intelligente" sia a casa che in strada, e trattenerlo fino all'arrivo della polizia.

Ogni volta che il volto di qualcuno viene riconosciuto, o la voce viene registrata, o i suoi messaggi di testo intercettati, queste informazioni possono essere immediatamente collegate al loro numero di identificazione, alle dichiarazioni dei redditi, ai beni, alla possibile fedina penale, alle cartelle cliniche e persino al DNA, di cui la polizia cinese si vanta già di avere il più grande database del mondo.

Sistemi cinesi anche nel sud-est asiatico, in Africa, in America Latina e in Serbia

La Malesia ha ingaggiato la startup cinese Yitu per dotare la polizia della capitale Kuala Lumpur di riconoscimento facciale automatico. A Singapore, 110.000 lampioni sono stati dotati di telecamere cinesi per il riconoscimento facciale. La Mongolia sta installando telecamere cinesi di sorveglianza A.I.; in Serbia, Huawei sta aiutando a creare un "sistema di città sicure", anche con telecamere di riconoscimento facciale e persino pattuglie congiunte di polizia serba e cinese, (presumibilmente) per far sentire sicuri i turisti cinesi. L'Egitto sembra intenzionato a fare lo stesso nella sua nuova capitale in costruzione.

Il gigante cinese delle telecomunicazioni ZTE avrebbe fornito all'Etiopia una rete wireless con accesso "backdoor" incorporato per il governo. Durante un raid, i cittadini detenuti avrebbero ricevuto registrazioni segrete delle telefonate che avevano fatto. Anche Kenya, Uganda, Zimbabwe e Mauritius stanno dotando le loro principali città di reti di controllo cinesi.

Le aziende cinesi di tecnologia A.I. stanno ora prendendo di mira anche l'America Latina. L'Ecuador e la Bolivia hanno acquistato attrezzature simili con un prestito cinese, e il Venezuela ha recentemente introdotto un sistema di carta d'identità nazionale sviluppato dalla Cina che collega anche l'affiliazione politica di una persona.

Perché? Perché vogliono e perché possono".

Questo ti dà un'idea agghiacciante della fase 2 di Lockdown", conclude Rappoport. 'I Lockdown non hanno mai riguardato un virus o una pandemia. Il Lockdown della civiltà è stato pianificato e sviluppato per molto tempo. La gente chiede 'perché? Perché lo stanno facendo? La risposta breve è: perché vogliono e perché possono. I tecnocrati vedono la vita (umana) non come vita, ma come un sistema. E questo è il loro sistema più completo in assoluto".

A cui aggiungerei ancora: questo è il sistema della 'Bestia'.

Capitolo 10: Niente più libertà

La Federal Occupational Safety and Health Administration (OSHA) degli Stati Uniti sta avvertendo i datori di lavoro che saranno ritenuti responsabili per qualsiasi danno alla salute dei loro dipendenti se sono tenuti a essere vaccinati contro il Covid-19. Questo potrebbe diventare una questione delicata anche in Europa, dato che il governo ha respinto in anticipo ogni responsabilità governativa e l'ha messa sul piatto degli operatori sanitari. Se alla fine nessuna agenzia vuole assumersi la responsabilità, allora in vista dei diritti umani queste vaccinazioni non possono essere direttamente o indirettamente rese una condizione per ottenere o avere un lavoro, o l'accesso a edifici ed eventi, come è ora l'intenzione.

Se un lavoratore americano è costretto ad essere iniettato con queste terapie geniche mRNA sperimentali confezionate come "vaccini" e successivamente rimane cieco o paralizzato, o addirittura muore, questo infortunio sarà considerato "legato al lavoro", il che renderà il suo datore di lavoro responsabile. Le linee guida affermano anche che i datori di lavoro sono tenuti a registrare gli effetti collaterali (gravi) e le reazioni avverse dopo le vaccinazioni Covid nei loro dipendenti.

La nuova direttiva dell'OSHA è stata pubblicata il 20 aprile, ed è stata una risposta alle aziende e alle istituzioni che avevano annunciato che tutti i loro dipendenti dovranno essere vaccinati, come la rete dell'ospedale Methodist di Houston. Coloro che si rifiutano saranno prima sospesi e poi licenziati.

I vaccini hanno solo un'autorizzazione di emergenza

Si prevede che questa organizzazione ospedaliera e molti altri datori di lavoro saranno citati in giudizio se seguiranno questi piani e i loro dipendenti si ammaleranno o moriranno. Secondo il sistema di registrazione VAERS, quasi 200.000 americani hanno già subito danni alla salute dai vaccini Covid-19, e quasi 4.000 sono morti. Quasi 20.000 sono stati gravemente danneggiati (a lungo termine o permanente) (malattie autoimmuni, paralisi, cecità, la malattia muscolare ALS, Creutzfeld-Jakob, Alzheimer, ecc).

America's Frontline Doctors (AFLDS) avverte che i vaccini - come in Europa - hanno solo una licenza di emergenza temporanea, e solo per questo non possono essere imposti a nessuno. 'L'autorizzazione d'emergenza della Food & Drug Administration statunitense afferma specificamente che gli individui dovrebbero avere la libera scelta di accettare o rifiutare questi vaccini', spiega LifeSiteNews. 'Molti sottolineano che qualsiasi licenziamento per aver rifiutato i vaccini mina assolutamente la vostra necessaria libertà'.

Tuttavia, la Corte europea dei diritti umani ha recentemente stabilito che le vaccinazioni obbligatorie sono legali. Eppure, anche nei Paesi Bassi, nessun lavoratore dovrebbe accettare automaticamente che il suo capo richieda una vaccinazione Covid-19 come condizione per mantenere il posto di lavoro, o continuare a fare il lavoro per cui si è stati assunti.

Capitolo 11: Proteste per i passaporti dei vaccini

Più di 70 parlamentari si mobilitano contro questa "trappola atroce

In una lettera aperta al primo ministro Boris Johnson, più di 1.200 leader cristiani britannici gli hanno chiesto di non adottare i passaporti per i test e le vaccinazioni.

In effetti, la etichettano come "la proposta più pericolosa in assoluto" poiché equivale a "una forma non etica di pressione" per costringere le persone a farsi testare o vaccinare da Covid-19.

Varie denominazioni, tra cui anglicana e cattolica, hanno dei leader nella chiesa. Essi credono che i test e i passaporti vaccinali siano il precursore di uno "stato di sorveglianza", uno stato di controllo totalitario, e che metteranno fine a ciò che resta della democrazia liberale.

Il governo di Londra sostiene che non è stata presa alcuna decisione definitiva, ma tutti gli indicatori indicano che questi passaporti per i test/vaccinazioni arriveranno presto, proprio come hanno fatto in Europa.

Inizialmente saranno commercializzati come un passaporto per una maggiore "libertà" (ristorazione, eventi, shopping, ecc.), ma man mano che diventeranno più diffusi, gli standard diventeranno sempre più severi, finendo per eliminare completamente dalla società le persone non testate e non vaccinate.

"Apartheid medica" è un termine usato per descrivere un sistema di discriminazione medica.

Secondo i leader della chiesa, tali passaporti risultano in "apartheid medica... Stabilisce uno stato di sorveglianza in cui il governo controlla alcune parti della vita dei cittadini attraverso la tecnologia. Nel corso di pochi anni, quel "certo" minaccia di essere esteso a TUTTI i settori.

Questa è una delle idee politiche più pericolose mai fatte nella storia della politica britannica", avvertono i leader della chiesa, che sottolineano che non negheranno mai a coloro che non hanno un tale passaporto l'accesso alle loro chiese, indipendentemente dalla decisione del governo.

'Discriminazione' e 'orribile trappola' sono due parole che mi vengono in mente.

Più di 70 legislatori britannici hanno protestato apertamente contro il previsto test/passaporto di vaccinazione all'inizio di questo mese. Essi sostengono che avere bisogno di mostrare tale prova per entrare in un pub, per esempio, è discriminatorio. Inoltre crea ulteriori divisioni sociali. (In ogni caso, l'intero approccio dell'Occidente è basato sul "divide et impera").

Il deputato conservatore Steve Baker ha persino definito questi passaporti "una brutta trappola". Il leader laburista Sir Keir Starmer ha espresso "grande allarme" per questa incombente nuova forma di discriminazione.

Capitolo 12: Nessuna assistenza sanitaria

Alcuni medici sono così indottrinati e terrorizzati che danno la colpa ai malati stessi: "Il mio datore di lavoro mi ha fatto molta pressione perché fossi vaccinato".

The Highwire, il programma americano di salute su Internet in più rapida crescita che ha già più di 75 milioni di spettatori, ha recentemente focalizzato l'attenzione su una tendenza preoccupante negli Stati Uniti che potrebbe verificarsi anche in altri paesi occidentali. Infatti, sempre più medici si rifiutano di curare le persone che soffrono di gravi effetti collaterali e reazioni avverse dopo la vaccinazione con un vaccino Covid-19. La ragione è ovvia: l'establishment politico e farmaceutico ha effettivamente canonizzato questi vaccini geneticamente manipolati. Se la gente si ammala molto o addirittura muore a causa di essi - negli Stati Uniti nel 2021 ci saranno già il 4000% in più di vittime dei vaccini che in tutto il 2020 per tutte le altre vaccinazioni messe insieme - allora le istruzioni sono che non può e non deve essere colpa del vaccino. I medici che tuttavia osservano questo devono temere per il loro lavoro e la loro carriera.

Alcuni medici sono così indottrinati che danno la colpa ai malati stessi. Chiamano le persone che soffrono di gravi effetti collaterali dopo la vaccinazione pazienti con un 'disturbo di conversione', temendo di mettere nella loro cartella che il vaccino è la probabile causa. (O, in altre parole, 'torna a casa, signorina, perché è tra le tue orecchie').

Il 4 gennaio, sono stata messa sotto pressione dal mio datore di lavoro per farmi vaccinare", ha raccontato Shawn Skelton. Dopo aver ottemperato, ha subito sperimentato effetti collaterali come lievi sintomi simili all'influenza. 'Ma alla fine della giornata, le gambe mi facevano così male che non ce la facevo più. Quando mi sono svegliata il giorno dopo, la mia lingua aveva delle contrazioni, e poi è andata sempre peggio. Il giorno dopo ho avuto convulsioni in tutto il corpo. Questo è durato 13 giorni".

'Troppa paura di curarci', dicono.

Un medico mi ha detto che la diagnosi era: 'Non so cosa c'è di sbagliato in te, quindi ti incolpiamo'", ha detto un altro. Skelton ha elaborato. I medici semplicemente non sanno come affrontare gli effetti negativi del vaccino mRNA. Credo anche che ne siano terrorizzati. Sono senza parole sul perché nessun medico vuole aiutarci".

Altri due operatori sanitari, Angelia Desselle e Kristi Simmonds hanno avuto esperienze simili. Anche loro hanno sofferto di convulsioni, e anche i loro medici si sono rifiutati di curarle. Un neurologo ha rifiutato il rinvio via e-mail di Desselle. Era uno specialista in disturbi del movimento, cosa di cui pensavo di aver bisogno. Il mio medico di base ha detto che sembrava che avessi un Parkinson avanzato. Ma mi ha risposto via e-mail che aveva compiti molto complessi e non poteva vedermi in quel momento".

Poiché anche altri medici le hanno tenuto la porta chiusa, è andata da un neurologo senza dire che era stata vaccinata contro il Covid-19. Non volevo essere mandata via di nuovo. Ma è nella mia cartella clinica, così quando l'ha guardata ha detto 'così hai preso il vaccino? E io ho detto 'sì, ma non volevo darle questa informazione perché ho bisogno di aiuto'. Ora sta finalmente ricevendo un trattamento per i suoi attacchi di emicrania.
In Europa, i medici generici e gli specialisti sono soggetti a regolamenti rigorosi.

Non sappiamo se anche i medici generici in Europa si rifiutano di curare i pazienti vaccinati che si ammalano. Tuttavia, è loro vietato prescrivere farmaci di provata efficacia e sicurezza a pazienti (sospetti) affetti da corona, come l'idrossiclorochina e l'Ivermectina. Niente dovrebbe minacciare il "santo" programma di vaccinazione di massa - recupero: programma di ingegneria genetica, dopo tutto.

In Europa, i medici generici e gli specialisti sono soggetti a regolamenti rigorosi.

Non sappiamo se anche i medici generici in Europa si rifiutano di curare i pazienti vaccinati che si ammalano. Tuttavia, è loro vietato prescrivere farmaci di provata efficacia e sicurezza a pazienti (sospetti) affetti da corona, come l'idrossiclorochina e l'Ivermectina. Niente dovrebbe minacciare il "santo" programma di vaccinazione di massa - recupero: programma di ingegneria genetica, dopo tutto.

All'inizio di quest'anno, il governo ha messo ogni responsabilità per le conseguenze delle vaccinazioni Covid sulle spalle degli operatori sanitari e delle persone che sono vaccinate con esse. Non è quindi inconcepibile che gli operatori sanitari e gli specialisti in Europa siano riluttanti a riconoscere, e tanto meno a trattare, le vittime delle vaccinazioni come tali.

Capitolo 13: agenda 5G

I governi vogliono far passare il 5G perché permette ai cittadini di essere tracciati e monitorati 24/7/365

Il numero di scienziati che hanno grandi riserve sull'introduzione del 5G è in costante aumento. L'epidemiologo britannico professor John William Frank dell'Università di Edimburgo chiede che l'introduzione del 5G in tutto il mondo sia sospesa per il momento, fino a quando non sarà confermato e dimostrato in modo indipendente che la tecnologia è sicura e non costituisce un pericolo per la salute Fino ad ora, i governi si sono affidati quasi esclusivamente agli studi delle (o sponsorizzati dalle) grandi aziende Tech, e naturalmente non metteranno mai a rischio i loro profitti miliardari rifiutando i loro stessi prodotti.

Il professor Frank non è contro il 5G, ma pensa che siano state fatte troppe poche ricerche su di esso. Ecco perché sostiene che è meglio peccare di cautela e congelare il lancio dei nuovi sistemi di traffico dati mobile per ora.

Ci sono molte più antenne e molte più radiazioni EMF.

Frank, come molti altri accademici, scrive nel Journal of Epidemiology & Community Health che la minaccia principale del 5G è la massiccia densità di antenne necessaria per queste frequenze estremamente alte. Ogni pochi lampioni, una nuova antenna deve essere collocata, esponendo le persone a ancora più radiazioni elettromagnetiche (EMF). Una commissione federale di specialisti negli Stati Uniti ha riconosciuto il danno alla salute che le reti esistenti come 4G e WiFi possono causare.

Nonostante questo, quasi nessuna ricerca epidemiologica credibile sull'impatto del 5G sulla salute umana è stata intrapresa, secondo il professore. Inoltre, il 5G impiega non solo frequenze considerevolmente più alte, ma anche una tecnologia di supporto completamente nuova per gestire enormi volumi di dati. Perché il 5G funzioni, miliardi di antenne e amplificatori di segnale devono essere messi ogni 100-300 metri intorno al pianeta. I prossimi 3.236 satelliti 5G di Amazon, così come i 12.000-30.000 che Elon Musk prevede di mettere in orbita, copriranno presto aree dove le antenne non sono concepibili.

Un numero crescente di ingegneri, scienziati e medici di tutto il mondo sta esortando i paesi ad aumentare i loro standard di sicurezza RF-EMF, a commissionare più e migliori ricerche, e a fermare ulteriori aumenti dell'esposizione pubblica fino a quando non ci saranno prove più forti che è sicuro.

Il principio di precauzione impone di fermare la diffusione del 5G.

Il professor Frank non è convinto che il 5G e altri campi elettromagnetici siano dannosi per la salute e l'ambiente, nonostante il fatto che l'OMS e una serie di esperti di tecnologia affermino il contrario. Egli ritiene che la diffusione del 5G dovrebbe essere fermata immediatamente a causa del "principio di precauzione". Non si dovrebbero correre rischi inutili quando si tratta di salute umana. Questa premessa dovrebbe essere un motivo sufficiente per "dichiarare un divieto di tale (5G) esposizione, in attesa di un'adeguata indagine scientifica sui presunti rischi per la salute".

Continua a spiegare che non c'è alcuna necessità impellente di lanciare il 5G ad una velocità elevata in termini di salute e sicurezza pubblica. Viene fatto principalmente perché la nuova tecnologia fornirà una spinta significativa all'industria Big Tech. Con l'attuale rete 4G, i consumatori non mancano di connessioni rapide di dati mobili.

I governi vogliono che il 5G sia implementato il prima possibile per avere un controllo globale completo.

Frank trascura di aggiungere che i governi sono investiti nel 5G tanto quanto i colossi della tecnologia e dei media. La Bill & Melinda Gates Foundation e il braccio di sviluppo tecnologico del Pentagono, DARPA, hanno collaborato con l'azienda tecnologica Profusa per sviluppare un biosensore nanotech impiantabile fatto di idrogel (una sostanza simile a una lente a contatto morbida) che può essere iniettato insieme a un vaccino e applicato appena sotto la pelle, dove si fonde effettivamente con il tuo corpo. Tutte le informazioni su se stessi, sul proprio corpo e sulla propria salute possono essere controllate a distanza grazie alla componente nanotecnologica.

Di conseguenza, il 5G abilita un sistema globale di controllo totalitario che le dittature del passato potevano solo sognare. Permetterà che la posizione, i movimenti e le azioni di chiunque - e, in un futuro non troppo lontano, i pensieri e le emozioni - siano tracciati, monitorati e manipolati 24 ore al giorno, sette giorni alla settimana, mentre tutte le informazioni personali, come lo stato delle vaccinazioni e i saldi bancari, saranno immediatamente accessibili. A questo sistema sono collegate innumerevoli telecamere di sorveglianza con riconoscimento facciale e controllo dello stato di credito sociale, così come il sistema Microsoft (con brevetto n. 2020-060606) che converte il proprio corpo in un mezzo di pagamento (e prova di identità/vaccinazione) che è già in fase di test.

Secondo alcuni, è necessaria una distanza di almeno un metro e mezzo perché questo sistema funzioni correttamente, perché i segnali possono essere interrotti se i corpi sono troppo vicini.

Non è chiaro se questo sia vero, ma senza il distanziamento sociale, le telecamere di sorveglianza (e anche gli smartphone) avranno un tempo molto più difficile per scansionare tutte le fronti in una folla affollata in tempo reale per la presenza dell'enzima fluorescente M-Neongreen / Luciferase, il marchio iniettato che in futuro potrebbe servire come prova che sei stato correttamente vaccinato e quindi hai accesso alla società.

C'è una teoria della cospirazione?

Dato che più scienziati e altri professionisti hanno dichiarato per mesi che 1,5 metri non fa alcuna differenza nella presunta trasmissione di un virus, è passato il tempo che più persone si chiedano perché la "separazione sociale" deve continuare a essere applicata senza sosta. Sfortunatamente, certe strane teorie di cospirazione, come il fatto che il 5G scatenerebbe il coronavirus, e azioni terribili, come dare fuoco alle torri di trasmissione, hanno inquinato le reali preoccupazioni per il 5G (intenzionalmente?).

I politici, l'industria tecnologica e tutti i media e le riviste mainstream che dipendono l'uno dall'altro in qualsiasi modo sostengono invariabilmente che queste sono tutte "teorie di cospirazione" sfatate, ma quando anche il venerabile Scientific American ha pubblicato un articolo il 17 ottobre 2019, con il titolo "Non abbiamo motivo di credere che il 5G sia sicuro - Contrariamente a quanto dicono alcune persone, ci possono essere rischi per la salute".

Capitolo 14: biosensori nanotecnologici 5G

'Biosensore nanotecnologico impiantabile 5G già nel 2021 nei vaccini Covid-19' L'umanità che si evolve in transumano in futuro è integrata con un sistema di controllo digitale globale.

DARPA, il braccio di sviluppo tecnologico del Pentagono, e la Fondazione Bill e Melinda Gates stanno lavorando con Profusa per sviluppare un biosensore nanotech impiantato costruito in idrogel (sostanza simile a una lente a contatto morbida). Questo biosensore, che ha le dimensioni di un chicco di riso, viene iniettato con un vaccino e posizionato appena sotto la pelle, dove si fonde con il corpo. Attraverso il 5G, la componente nanotecnologica permette il monitoraggio a distanza di tutte le informazioni su se stessi, sul proprio corpo e sulla propria salute.

È probabile che la FDA approvi il biosensore, che può anche ricevere informazioni e comandi, all'inizio del 2021, giusto in tempo per la prevista campagna globale del vaccino Covid-19.

A marzo, DefenseOne ha riferito di un biosensore hydrogel che è "inserito sotto la pelle con un ago ipodermico". Contiene, tra le altre cose, una molecola specificamente ingegnerizzata che emette un segnale fluorescente una volta che il corpo inizia a combattere un'infezione. Questo segnale viene rilevato dal componente elettronico attaccato alla (/nella) pelle, che successivamente trasmette un avviso a un medico, un sito web o un'agenzia governativa. È fondamentalmente un laboratorio di sangue basato sulla pelle che può rilevare la risposta del corpo alla malattia anche prima che appaiano altri segni come la tosse".

Tutti i processi fisiologici sono monitorati da biosensori e trasmessi su 5G.

Il biosensore non sarà percepito come un intruso dal corpo e attaccato come risultato del suo uso di idrogel, ma invece si integrerà con esso. Il sensore può anche tracciare i vostri livelli ormonali, la frequenza cardiaca, la respirazione, la temperatura corporea, la vita sessuale, le emozioni e qualsiasi altra cosa, secondo il produttore. Tutti questi dati saranno presto consegnati ad ogni autorità medica e governativa via 5G.

Profusa sta ora lavorando ad uno studio con l'Imperial College, che è stato reso famoso dalle sue ridicole previsioni di sventura su Covid-19, che sono state rapidamente dimostrate essere completamente false. Le chiusure, l'isolamento sociale e il relativo parziale collasso dell'economia, così come la rimozione di molte libertà civili, erano tutte fondate su queste.

L'essere umano transumano è integrato con il sistema di controllo digitale globale

Il biosensore, che potrebbe quindi essere incorporato nei vaccini Covid-19 già nel 2021, si avvicina molto alla realizzazione dell'aspirazione di un umano transumano, in cui tutti sono totalmente controllabili e persino governabili. Il "nuovo umano", o l'umano 2.0 come immaginato dall'élite tecnologica intorno a Bill Gates e Elon Musk, sarà gradualmente trasformato in una sorta di cyborg da qui al 2025-2030, e diventerà parte integrante - e quindi irreversibile - di un sistema di controllo digitale globale, in cui le libertà personali saranno completamente scomparse, e anche il libero arbitrio umano sarà stato tolto.

L'uomo transumano sarà integrato con un sistema di controllo digitale globale, 'Biosensore nanotecnologico impiantabile 5G già nel 2021 nei vaccini Covid-19'

Il braccio di sviluppo tecnologico del Pentagono, DARPA, e la Fondazione Bill & Melinda Gates stanno collaborando con la società tecnologica Profusa nello sviluppo di un biosensore nanotech impiantabile fatto di idrogel (sostanza simile a una lente a contatto morbida). Questo biosensore, che è più piccolo di un chicco di riso, può essere iniettato insieme a un vaccino e viene applicato appena sotto la pelle, dove si fonde effettivamente con il corpo. La componente nanotecnologica permette il monitoraggio a distanza di tutte le informazioni su se stessi, il proprio corpo e la propria salute via 5G. Il biosensore, che può anche ricevere informazioni e comandi, dovrebbe essere approvato dalla FDA all'inizio del 2021 - giusto in tempo per la prevista campagna di vaccinazione globale Covid-19.

DefenseOne ha scritto di questo biosensore hydrogel a marzo, che è "inserito sotto la pelle con un ago ipodermico. Tra le altre cose, contiene una molecola appositamente progettata che invia un segnale fluorescente una volta che il corpo inizia a combattere un'infezione. La parte elettronica attaccata alla (/nella) pelle rileva questo segnale, e poi invia un avviso a un medico, un sito web o un'agenzia governativa. È come un laboratorio di sangue sulla pelle che può raccogliere, anche prima che ci siano altri sintomi come la tosse, la risposta del corpo alla malattia".

Non è quindi difficile intuire perché questo sensore possa essere considerato di grande importanza dall'élite nella (cosiddetta) lotta contro il Covid-19. Chiunque abbia questo biosensore - inamovibile - iniettato nel proprio corpo sarà messo in quarantena dal governo alla minima infezione, e potrà essere soggetto ad altre misure coercitive, anche se la persona in questione non è affatto malata, né mostra alcun sintomo.

Il biosensore controlla tutte le funzioni del corpo e le trasmette via 5G

Usando l'idrogel, il biosensore non sarà visto dal corpo come un intruso e attaccato, ma piuttosto si integrerà con esso. Inoltre, secondo l'azienda, il sensore non solo può rilevare le infezioni, ma anche monitorare i livelli di ossigeno e glucosio nel sangue, così come i livelli ormonali, la frequenza cardiaca, la respirazione, la temperatura corporea, la vita sessuale, le emozioni - in breve, TUTTO. Attraverso il 5G, tutte queste informazioni potranno presto essere trasmesse ad ogni autorità medica e politica.

Profusa sta attualmente conducendo uno studio con l'Imperial College, anch'esso finanziato da Bill Gates, che è diventato tristemente famoso per le sue ridicole previsioni di sventura riguardo al Covid-19, che si sono presto rivelate del tutto fasulle. Tuttavia, è sulla base di queste che sono state fatte le chiusure, l'allontanamento sociale e la relativa parziale distruzione dell'economia e l'eliminazione di molte libertà civili.

Umani transumani da integrare con un sistema di controllo digitale globale

Il biosensore, che potrebbe quindi essere incorporato nei vaccini Covid-19 già nel 2021, si avvicina molto alla realizzazione dell'aspirazione di un umano transumano, in cui tutti sono totalmente controllabili e persino governabili. Il "nuovo umano", o l'umano 2.0 come immaginato dall'élite tecnologica intorno a Bill Gates e Elon Musk, sarà gradualmente trasformato in una sorta di cyborg da qui al 2025-2030, e diventerà parte integrante - e quindi irreversibile - di un sistema globale di controllo digitale, in cui le libertà personali saranno completamente scomparse, e anche il libero arbitrio umano, sarà stato tolto.

Non per niente lo chiamiamo il sistema della "Bestia". Per la prima volta nella storia, la tecnologia è progredita al punto in cui le profezie bibliche sul "segno della Bestia" possono essere pienamente eseguite e realizzate.

Questo libro è una compilazione dei nostri articoli pubblicati in precedenza e di nuovi articoli per esporre i vaccini con il giusto contesto, per quanto riguarda argomenti come lo spopolamento e il controllo del mondo da parte dell'élite globalista, se volete saperne di più su argomenti come il grande reset, vi consigliamo di leggere anche gli altri nostri libri, e condividerli con tutti quelli che vi sono cari.

Vogliamo raggiungere il maggior numero di persone possibile, ecco perché continuiamo a pubblicare i nostri contenuti, per essere sicuri che se un titolo viene ignorato, l'altro titolo ottiene comunque l'attenzione di cui questi soggetti hanno bisogno.

Se vogliamo vincere questa guerra contro l'umanità, dobbiamo informare tutti sulla realtà di quello che sta succedendo in questo momento!

Capitolo 15: Protesta = Terrorismo?

Nessuno vuole sentirlo, nessuno è autorizzato a dirlo, ma tutti sanno dove potrebbe andare a finire.

Mentre l'Europa procede a tutto vapore verso l'attuazione della discriminazione ufficiale dividendo la società in "buoni" (testati/vaccinati) e "cattivi" (non testati/non vaccinati), la prima palla viene lanciata negli Stati Uniti per quello che è l'obiettivo finale di cose come i passaporti per i vaccini: la completa rimozione delle persone "cattive" dalla società. La nota rivista Nature ha pubblicato un appello all'ONU e a tutti i governi affinché prendano misure dure come la roccia per fermare "l'aggressione anti-vax". Ecco come tu, come persona non vaccinata, sarai presto visto e trattato: come un terrorista.

Il fascismo di maniaci assassini come Hitler e Stalin sta facendo un pieno ritorno. Il pediatra texano Peter Hotez è diventato un idolo della corona così estremo che mette le persone che sono critiche nei confronti delle vaccinazioni alla pari con i criminali informatici e il terrorismo nucleare. Usando un vero e proprio linguaggio di guerra, chiede una "controffensiva" da parte dei governi per attaccare e mettere a tacere chiunque si opponga alle vaccinazioni.

Controffensiva contro le nuove forze distruttive

Fermare la diffusione del coronavirus richiede una controffensiva di alto livello contro nuove forze distruttive", scrive Hotez. Gli sforzi devono estendersi alle aree della sicurezza informatica, dell'applicazione della legge, dell'educazione pubblica e delle relazioni internazionali". Una task force inter-agenzie di alto livello che riferisca al segretario generale delle Nazioni Unite potrebbe fare il punto sull'impatto globale dell'aggressione anti-vaccino e proporre misure dure ed equilibrate".

Questa task force dovrebbe includere esperti che hanno affrontato minacce globali complesse come il terrorismo, gli attacchi cibernetici e l'armamento nucleare. In effetti, l'anti-scienza si sta avvicinando a un livello simile di minaccia. È sempre più chiaro che è necessaria una controffensiva per promuovere le vaccinazioni".

Polizia e militari contro gli oppositori dei vaccini

Hotez parla di "attacchi mirati agli scienziati" presumibilmente commessi dagli anti-vaxxer, ma non cita un solo esempio concreto. Per fermare questa "aggressione" fittizia, sostiene letteralmente attacchi mirati (armati) contro gli anti-vaxxers. In effetti, vuole che il governo usi la polizia e l'esercito per affrontare i critici e i rifiutatori di vaccini - in realtà persone che rifiutano di prendere parte a questi esperimenti di manipolazione genetica, che, secondo le statistiche ufficiali dell'UE, hanno già fatto un numero enorme di vittime.

Con questo appello oltraggioso, Nature, che era già completamente al soldo della mafia internazionale dei vaccini, che ora sta portando avanti un mostruoso esperimento genocida su tutta l'umanità con l'aiuto di quasi tutti i governi, ha perso una volta per tutte la sua credibilità.

La violenza grossolana contro le persone "sbagliate" è considerata di nuovo ok

La violenza grossolana contro uomini, donne e bambini innocenti è evidentemente considerata di nuovo ok. Abbiamo messo in guardia per anni contro il ritorno e persino il superamento degli anni '30 e '40, e ora sta accadendo. Se questo non viene fermato, se la gente non si solleva in massa contro questo potenziale peggior crimine contro l'umanità di sempre, finirà irrimediabilmente come negli anni '40, cioè con "strutture" dove le persone "sbagliate" indesiderate vengono rinchiuse e messe al sicuro in modo che il resto della società possa tornare a comportarsi "in sicurezza".

O in altre parole: con i campi di concentramento.

Finché la gente continua a negare che una ripetizione di questa storia orribile sia possibile, finché la gente si rifiuta di affrontare i paralleli agghiaccianti con la

Germania nazista, le forze globaliste della vaccinazione possono continuare senza ostacoli.

I russi l'hanno fatto di nuovo

E 'naturalmente' anche secondo Hotez 'i russi' sono dietro tutta la 'disinformazione sui vaccini'. Poi dimentichiamo per un momento che la Russia è stata una delle prime a sviluppare un vaccino e a cominciare a somministrarlo alla sua popolazione.

Non importa, perché dall'anno scorso anche i media occidentali hanno definitivamente gettato via il loro ultimo brandello di finta indipendenza e obiettività, e sono persino orgogliosi di funzionare come organi di propaganda dell'establishment occidentale e del culto globalista del clima-vaccino. A proposito, sono anni che scriviamo che "i russi" saranno incolpati di quasi tutto, e questo ha lo scopo di farvi acconsentire - o addirittura invocare - la prevista terza guerra mondiale contro la Russia, e molto probabilmente anche contro la Cina.

L'umanità governata da mostri senza scrupoli

Mostri senza scrupoli sono alla guida dell'umanità che, attraverso l'obbedienza cieca e la docilità incondizionata, si sta trasformando essa stessa, passo dopo passo, in un mostro altrettanto senza scrupoli. Non è ancora troppo tardi, ma resta poco tempo per fermare i test obbligatori e i passaporti vaccinali, seguiti da test e vaccinazioni obbligatorie, e poi l'incarcerazione e l'eventuale rimozione dei non vaccinati "sbagliati" - agli occhi di Hotez i nuovi "terroristi".

Capitolo 16: Passaporti e chip

Un'intervista del 2016 con l'alto dirigente del WEF Klaus Schwab, in cui prevede che "entro 10 anni" sarà adottata una tessera sanitaria globale obbligatoria, e tutti avranno microchip impiantati, si aggiunge alla prova che il numero Covid-19 è stato preparato con cura.

Si dice che Schwab stesse lavorando ad un piano almeno cinque anni fa per creare un'enorme epidemia di virus e sfruttarla per stabilire passaporti sanitari e collegarli a test e vaccinazioni obbligatorie, tutto secondo l'approccio problema-reazione-soluzione. L'obiettivo è quello di avere il controllo completo su tutta la popolazione umana del pianeta.

Entro 10 anni, avremo microchip impiantati", ha detto Schwab cinque anni fa.

Nel 2016, un intervistatore francofono gli ha chiesto: "Stiamo parlando di chip impiantabili?" "Quando succederà?

Assolutamente nei prossimi dieci anni", ha detto Schwab. Cominceremo mettendoli nei nostri vestiti". Possiamo poi immaginare di impiantarli nel nostro cervello o nella nostra pelle". Il caposquadra del WEF ha poi commentato la sua visione dell'uomo e della macchina che si "fondono".

In futuro, potremmo essere in grado di comunicare direttamente tra il nostro cervello e il mondo digitale. Osserviamo una fusione del mondo fisico, digitale e biologico". La gente dovrà semplicemente pensare a qualcuno in futuro per essere in grado di raggiungerlo direttamente attraverso la 'nuvola'.

Non ci saranno più persone biologiche con DNA naturale nel mondo transumanista, che finalmente diventerà completamente "digitale". La "nuvola" sarà utilizzata per memorizzare i dati di tutti.

L'umanità ha cominciato ad essere riprogrammata geneticamente.

L'attuale ordine economico sarà distrutto dal 'Grande Reset' ('Build Back Better') di Schwab. Il crollo finanziario incombente sarà sfruttato per lanciare un nuovo sistema globale basato solo su denaro e transazioni digitali. Questo nuovo sistema sarà collegato al mondo intero grazie alla tecnologia 5G. I rifiutanti saranno esclusi dalla "compravendita", in altre parole dalla vita sociale.

Alla fine degli anni 2020, i "vaccini" di mRNA Covid-19 hanno iniziato a programmare e manipolare geneticamente l'umanità per renderla "adatta" ad essere prima collegata, poi integrata, con questo sistema digitale globale, che, come sapete, credo sia il regno biblico della "Bestia".

Questi vaccini che alterano i geni hanno il potenziale di eliminare il vostro libero arbitrio e la capacità di pensare da soli, così come il vostro desiderio e la capacità di connettervi con il regno spirituale.

Prospettiva cristiana: l'umanità è tagliata fuori da Dio

Da una prospettiva cristiana, la riprogrammazione del DNA umano attraverso questi vaccini può essere vista come il tentativo finale di Satana di separare permanentemente l'umanità da Dio. Questa sembra essere la vera spiegazione dell'avvertimento del libro profetico dell'Apocalisse che gli individui che portano questo "marchio" periranno.

Questo non è semplicemente a causa di un chip e di una successione di pungiglioni; è a causa di ciò che quei pungiglioni faranno a e in voi. Di conseguenza, Dio non sarà in grado di salvare coloro le cui menti (libero arbitrio) sono state riprogrammate all'obbedienza totale ("adorazione"). Questo richiederà il Suo intervento, perché altrimenti l'umanità intera sarà persa per sempre.

I falsi insegnamenti hanno accecato una gran parte del cristianesimo.

L'aspetto essenziale di questo subdolo complotto, che è stato in lavorazione per molto tempo, era l'infiltrazione del cristianesimo con una serie di falsi insegnamenti, con l'obiettivo di mantenere i credenti ciechi fino alla fine dei tempi in preparazione dell'avvento e dell'instaurazione del dominio della Bestia.

Infatti, da decine a centinaia di milioni di cristiani, soprattutto in Occidente, credono che non dovranno mai vivere questo periodo. Anche ora, quando l'attuazione di questo sistema è iniziata, la maggioranza delle persone si rifiuta di accettarlo. Con le loro opinioni pro-vaccinazione, la maggior parte dei partiti e delle chiese cristiane stanno apertamente cooperando in questo "Grande Reset" verso il dominio della "Bestia". In termini teologici, il Vaticano è il motore più potente e convinto di questo.

"Ma siamo stati ingannati!" non è una scusa.

Forse un parallelo biblico può aiutare alcune persone a capire? Genesi 3, il racconto della creazione e della 'caduta', come ci viene raccontato oggi: Il serpente persuase Adamo ed Eva che non era permesso loro di 'mangiare' la 'mela', in questo caso il segno, cioè di non farsi pungere (test di radice di 'segno': charagma = graffiare/qualcosa con un ago = pungere), ma il serpente li convinse che questo segno non li avrebbe dannati, ma piuttosto li avrebbe fatti diventare 'dei'. Dopo essere stati persuasi da questa falsità, le loro lamentele contro Dio ('ma ci hanno mentito!') furono inutili, e morirono lentamente e dolorosamente. Potevano e dovevano sapere, quindi non avevano alcuna giustificazione.

Accettare "il segno", secondo la Bibbia, comporta una conseguenza ancora peggiore: la morte eterna. Permettersi di essere modificati geneticamente con vaccinazioni mRNA e poi integrati in una rete digitale globale, rinunciando così ad ogni controllo sul proprio corpo e sul libero arbitrio, starà ad ogni individuo decidere se il pericolo vale la pena.

Capitolo 17: Debito senza fine?

La frode pandemica ha trascinato l'Occidente in un debito maggiore di quello della seconda guerra mondiale - il più grande fondo pensionistico della Gran Bretagna (n. 6 nel mondo) dice agli investitori che per ritirare i soldi potrebbero volerci fino a 95 giorni, e avverte di una probabile insolvenza.

L'imminente collasso del sistema finanziario è il motore segreto della continuazione delle misure false della pandemia di corona e gli spaventosi sviluppi in Ucraina. In realtà, questo è lo stesso problema che esisteva dal 2008 al 2011, poiché è stato "aggiustato" solo con tassi d'interesse negativi e massicce somme di nuovo denaro digitale, di cui hanno beneficiato principalmente i governi, gli azionisti e i grandi attori finanziari. Ora che il FMI ha avvertito in uno studio che i debiti pubblici non sono mai stati così alti dalla seconda guerra mondiale, questa mega catastrofe, che avrà effetti di vasta portata per la gente comune, potrebbe scoppiare in qualsiasi momento.

Ne abbiamo scritto per anni, e ora il FMI avverte che i debiti nazionali non sono mai stati così alti dalla seconda guerra mondiale. La crisi della Corona è stata utilizzata come scusa in tutto il mondo per creare praticamente "denaro come l'acqua", perché ormai non vale più niente. L'intero importo coinvolto nella sola Europa è un mostruoso 130 miliardi di euro, o quasi un terzo del totale del debito nazionale fino al 2019.

La Nuova Grande Depressione è stata solo rimandata.

Se metà dell'economia non fosse stata messa agli sgoccioli dall'anno scorso, saremmo attualmente in una depressione più profonda degli anni '30. Quindi, quale pensate sia una buona soluzione? Provate a ricordare la vostra prima lezione di economia al liceo, o la domanda che quasi tutti i bambini hanno fatto ai loro genitori ad un certo punto della loro vita: "Perché non mettiamo semplicemente dei soldi sulla fotocopiatrice in modo da averne sempre abbastanza e poter comprare delle copie?" "Ricco

Diamo per scontato che non dobbiamo rispondere a queste domande? Se è così, dovreste smettere di leggere e tornare ai media di propaganda mainstream, che sembrano non avere idea di quello che sta succedendo (e se ce l'avessero, potrebbero non scriverne finché la crisi non sarà un fatto compiuto e irreversibile).

La crisi è risolta? Il debito della Grecia ha già raggiunto il 200% del PIL.

L'ultimo rapporto "Fiscal Monitor" del FMI offre un quadro desolante: i debiti pubblici non sono mai stati proporzionalmente così alti dalla fine della seconda guerra mondiale, il conflitto più mortale mai combattuto. Vi ricordate la crisi greca, che ha messo in pericolo tutta l'Eurozona e l'UE ed è stata appena evitata? Il debito federale della Grecia è salito al 160% del PIL. Il paese ha dovuto essere "salvato" con diversi pacchetti di salvataggio per un totale di centinaia di miliardi di euro da paesi come la Germania.

Il debito nazionale della Grecia è ora salito a più del 200% del PIL. Cosa ne pensate, questo "salvataggio" è stato utile?

Almeno non per il popolo greco o per l'economia greca. Hanno semplicemente ricevuto le briciole. Le uniche "salvate" sono state le banche europee, che sono state "pagate" dal contribuente europeo per i loro debiti verso la Grecia in questo modo particolarmente ingannevole. Nei media, siamo stati informati che avevamo "salvato" i greci, ma in realtà, proprio come nel 2008, avevamo salvato le banche - proprio quelle che ci hanno messo in questo pasticcio.

Per esempio, il numero di letti di terapia intensiva è stato dimezzato, il che ha portato al livello pro capite più basso d'Europa. Poi, nel 2020, è sorto un virus respiratorio simile all'influenza, la cui minaccia è stata gonfiata di proposito per far passare ogni sorta di restrizioni punitive che limitano la libertà. Lo facciamo per il bene della cura (dopo averla distrutta prima)". No, 'noi' lo facciamo per preparare la popolazione a una crisi bancaria.

Le banche devono essere salvate di nuovo.

Siamo nel 2021, e le banche devono essere salvate ancora una volta. Come abbiamo già detto, le principali banche sistemiche europee, come Deutsche Bank e Société Générale, sono tecnicamente in bancarotta. Allo stesso tempo, il mito della pandemia ha spinto i paesi industrializzati a indebitarsi più di quanto abbia fatto la seconda guerra mondiale, e la BCE ha preso ultimamente altre mosse che erodono ulteriormente il nostro potere d'acquisto e la nostra ricchezza.

Nessuno parla più della necessità di uscire dal debito. Tutte le parti - governi e società - sperano che i tassi d'interesse rimangano zero o negativi in perpetuo, e che il denaro continui a non giocare alcun ruolo nello stato. Un aumento dei tassi d'interesse è, infatti, la situazione peggiore. Anche se è minore, costringerà rapidamente due nazioni europee molto più grandi per il debito, Italia e Spagna, alla bancarotta di stato. Il salvataggio è fuori questione perché costerebbe trilioni di euro. Di conseguenza, il collasso di uno qualsiasi di questi due paesi comporta automaticamente il collasso della zona euro.

Contributi per la riorganizzazione", ma da chi?

Di conseguenza, il FMI suggerisce che le nazioni inizino a riscuotere "pagamenti di risanamento" su redditi, beni e guadagni - un consiglio che lascia un po' perplessi, considerando che solo uno sviluppo economico robusto e sostenuto può potenzialmente riportarci indietro dall'orlo di questo disastro sistemico. Se poi si tassa ancora più duramente il settore economico già in difficoltà, si avrà solo l'effetto opposto: la crisi sarà esacerbata e intensificata, centinaia di migliaia di imprese falliranno, e innumerevoli persone perderanno il lavoro.

E non c'è più niente da ottenere dalla gente già messa a dura prova. Tasse ancora più alte e tagli ancora più profondi spingeranno fasce significative dei poveri e delle classi medie nella povertà più assoluta. I governi non hanno altra scelta che ricorrere a una repressione finanziaria draconiana, che danneggerà il cittadino comune, ma in particolare i meno pagati e i più vulnerabili. Milioni di persone non saranno presto in grado di permettersi da sole le loro bollette per la casa/energia e i generi alimentari. La maggior parte di noi dovrà stringere la cinghia sia metaforicamente che praticamente.

Alcuni analisti prevedono un'iperinflazione in stile "Weimar", che esaurirà completamente il nostro potere d'acquisto. Date le attuali circostanze estremamente pericolose per molti residenti e imprese, anche un tasso d'inflazione considerevolmente più basso del 3% - 4% sarà il colpo finale. I titoli di stato, le assicurazioni sulla vita, i soldi delle pensioni e i risparmi saranno senza valore in poco tempo.

Il sesto assicuratore del mondo ha emesso un avviso di "insolvenza".

I segni che la crisi del sistema finanziario si sta avvicinando sono evidenti anche nel Regno Unito, dove Aviva, il più grande assicuratore/fondo pensione del paese e il sesto al mondo, ha notificato ai suoi clienti che potrebbero passare fino a 95 giorni prima che possano ritirare i soldi dai loro conti.

Ancora più spaventoso è l'avvertimento diretto che "se una banca/assicuratore/fondo pensione usa questa frase, è un segnale di difficoltà estremamente significative, molto probabilmente insormontabili.

Oro, argento e moneta sono stati eliminati dal Regno Unito.

Senza spiegazioni, una grande somma di oro, argento e contanti è stata ritirata inaspettatamente dal Regno Unito e trasportata in Qatar recentemente. La Banca dei Regolamenti Internazionali (la banca BIS di Basilea, la "banca centrale delle banche centrali") ha documentato un pagamento di 1,8 miliardi di dollari dalla Fondazione Hillary Clinton alla Banca Centrale del Qatar (QCB).

Le possibili cause variano dall'imminente collasso finanziario del Regno Unito a un conflitto con la Russia in cui le città britanniche potrebbero essere annientate con armi nucleari.

I cittadini e le imprese non possederanno NULLA nell'eurozona digitale.

Abbiamo avvertito per anni che una catastrofe sistemica è in arrivo, e sembra essere quasi qui. Questa catastrofe, che potrebbe essere precipitata da un falso attacco informatico (presumibilmente dalla Russia?), verrebbe utilizzata per far passare il "Grande Reset", che non è altro che l'installazione di una tirannia tecnocratica comunista climatico-vaccina senza precedenti, dura ed estremamente draconiana.

In termini finanziari ed economici, questo implica che l'euro sarà totalmente digitale, che TUTTO sarà di proprietà dello Stato (anche il proprio corpo), e che i cittadini e le imprese saranno per sempre privi di qualsiasi tipo di proprietà o voce in capitolo. Il World Economic Forum si aspetta anche un tasso di disoccupazione permanente dal 35% al 41%, così come l'implementazione di un reddito di base che sarà appena sufficiente a mantenere le persone in vita.

Vuoi il grande reset?

Questo è ciò che sta arrivando, e non può essere fermato. Anche se la massa del popolo si svegliasse all'ultimo minuto e si rivoltasse contro questo, un "Grande Reset" sarebbe ancora necessario, ma di una grandezza completamente diversa da quella del WEF e dei globalisti a Washington, Bruxelles, Londra, Parigi, Berlino, Roma e l'Aia. Il loro reset concentra tutto il potere e le ricchezze nelle mani di un piccolo club d'élite, mentre il Reset di cui abbiamo veramente bisogno ottiene il contrario.

La Deutsche Bank, tecnicamente insolvente, ha avvertito che il "Green Deal" dell'UE, che dovrebbe permettere il "Grande Reset", in realtà scatenerà una mega-crisi e annuncerà l'entrata di un'eco-dittatura che distruggerà il nostro attuale benessere.

In ogni caso, gli anni scorsi, il popolo europeo ha votato in modo schiacciante per i partiti che vogliono adottare, e stanno attuando, il Green Deal dell'UE e l'iniziativa Reset del World Economic Forum (almeno, se i risultati elettorali sono corretti). Quando le loro false promesse e visioni di un paradiso climatico tecnocratico si riveleranno aver scatenato un vero e proprio inferno in terra per quasi tutti, guardarsi allo specchio e chiedersi con sconcerto "come abbiamo fatto ad arrivare a questo punto?" sarà l'unica cosa che rimarrà a questo popolo credulone e apatico con la sua insopportabile mentalità da schiavo.

Ci scusiamo per aver concluso in questo modo, ma mentre osserviamo sempre più individui che indossano tappi per la bocca anche fuori al sole, non c'è proprio ragione di credere che la sobrietà e il buon senso torneranno mai alla normalità. Sono preoccupato che questo spirito oscuro e nero di paura sociale coltivata e alimentata di proposito della morte e della pazzia andrà solo dopo una grande quantità di dolore e sofferenza.

Capitolo 18: Niente più soldi?

L'imminente mega-crisi finanziaria sarà sfruttata per completare il "Grande Reset" comunista.

Mentre l'attenzione del governo e dei media rimane quasi totalmente su Corona, sullo sfondo si stanno verificando cambiamenti molto inquietanti nell'UE, che probabilmente avranno ramificazioni di vasta portata per il nostro potere economico e di acquisto nel breve e medio termine. Poiché i tassi d'interesse sui titoli di stato hanno ricominciato a salire, la BCE acquisterà più debito pubblico nei prossimi mesi. Inoltre, il settore finanziario de facto tecnicamente in bancarotta è molto più in difficoltà a causa della crisi monetaria fabbricata. L'unica cosa che tiene insieme la Commissione europea è il magico albero dei soldi della BCE", sostiene l'esperto Alasdair Macleod. Se avete mai frequentato due lezioni di economia, dovreste sapere dove una cosa del genere è ""Money Tree" porta SEMPRE: "Questo è uno spettacolo dell'orrore in divenire".

L'EUSSR è un affare fatto, sia politicamente che finanziariamente.

I critici a volte si riferiscono all'Unione Europea come all'EUSSR, e per il 2021, nulla di ciò è un'esagerazione - piuttosto il contrario. Politicamente, l'UE ha funzionato a lungo nello stesso modo dell'ex Unione Sovietica: il Politburo, un club non eletto di burocrati conosciuto come la Commissione europea, determina la politica e invia i suoi "desideri" (=ordini) al Consiglio europeo dei capi di governo, che li discutono per spettacolo e poi inviano questi ordini ai propri - solo di nome - paesi indipendenti, dove i parlamenti sono eletti.

Per mantenere la pretesa di una democrazia europea, l'UE mantiene il proprio "parlamento", in cui tutti i membri sono pagati con stipendi esorbitanti, bonus e pensioni per partecipare a questo grande spettacolo, pur mantenendo il silenzio sul fatto che non hanno nulla, assolutamente nulla da contribuire. L'unica volta in cui questo parlamento è sembrato avere qualche "potere" è stato quando ha mandato a casa una Commissione europea, ma è stato molto probabilmente inscenato, soprattutto in retrospettiva, perché è stato in quel momento che il popolo europeo ha iniziato a svegliarsi sul carattere e lo scopo "socialista" (in senso marxista) dell'UE.

Recentemente, la BCE ha discretamente fatto il prossimo passo verso l'euro, il sistema euro/Target-2 e la sua stessa fine. Contrariamente alle dichiarazioni precedenti, la banca ha scelto di acquistare più titoli di stato nei prossimi mesi mentre i tassi di interesse aumentano a livello globale. Se questa tendenza continua, l'intera rete dell'eurozona andrà in bancarotta. 'E quella rete è un boccone di mele marce', aggiunge Macleod. 'È il risultato non solo di un sistema rotto, ma anche di misure progettate per evitare che i tassi di interesse della Spagna salgano nel 2012'.

"A qualunque costo", l'euro viene "salvato" a spese dei cittadini.

All'epoca, il presidente della BCE Mario Draghi ha notoriamente dichiarato che avrebbe salvato l'euro "a qualunque costo". Quello che non ci ha detto è che il costo di questo "whatever it takes" sarà sostenuto dai risparmiatori e dai fondi pensione europei. A causa del debito crescente, l'azione di Christine Lagarde deve essere considerevolmente più grande di quella del suo predecessore, Mario Draghi. Alla fine, tutti gli europei dovranno pagare un prezzo elevato per questo, sotto forma di una perdita significativa e irreversibile di potere d'acquisto e di ricchezza. Gli anni scintillanti di prosperità degli stati membri dell'UE stanno per finire.

Lagarde dà un calcio al mantra "whatever it takes" di Draghi. La BCE, che si professa "indipendente" ma è fondamentalmente un'organizzazione politica, è sempre servita ad uno scopo: assicurare che la spesa sfrenata degli stati membri del sud, in particolare, sia sempre coperta.

Per questo obiettivo, è stato ideato un meccanismo inventivo: L'Italia e la Spagna da sole devono al sistema della BCE circa 1 trilione di euro. La Germania, il Lussemburgo, la Finlandia e i Paesi Bassi, invece, sono debitori di circa 1,6 trilioni di euro in questo sistema, con la Germania che deve la parte del leone (più di 1 trilione di euro). (In realtà, il piccolo Lussemburgo può essere visto come una banca mascherata da stato indipendente, uno dei numerosi espedienti impiegati dalla BCE per far apparire le condizioni finanziarie dell'UE più favorevoli).

Le grandi mega-banche sono tecnicamente in bancarotta.

Acquistando titoli di stato, la BCE ha già accumulato un debito di 345 miliardi di euro, in parte dovuto al finanziamento clandestino del crescente deficit pubblico francese. La Francia è ora uno dei paesi PIIGS, anche se questo non sarà mai formalmente riconosciuto perché la Francia è vista come uno stato "sistemicamente importante". Nel frattempo, le passività della Francia stanno cominciando a pesare sul sistema dell'euro, non ultimo perché la mega-banca francese Société Générale, così come la Deutsche Bank e l'italiana Unicredit, sono tecnicamente insolventi dal punto di vista funzionale.

Quello che le cifre non rivelano è che la Bundesbank ha già acquistato miliardi di euro di debito pubblico tedesco per conto della BCE. Il crescente squilibrio nel sistema Target-2 è sorto come risultato del fatto che Italia, Spagna, Grecia e Portogallo, in particolare, sono stati gravati da un numero crescente di prestiti "cattivi", o prestiti che non possono e non saranno mai ripagati. Di conseguenza, i sistemi finanziari "zombie" di queste nazioni hanno dovuto essere permanentemente alimentati dalla BCE.

Prestiti inesigibili e cattive attività

I cattivi prestiti e altri "bad assets" sono stati trasferiti al sistema euro (e quindi, in particolare, a Germania, Finlandia, Paesi Bassi e Lussemburgo) durante il "salvataggio" della Grecia, e successivamente al sistema Target-2 durante il "salvataggio" delle banche italiane, che è stato mascherato al pubblico. Ciò che non è incluso nei numeri è una somma ancora più grande di 8,31 trilioni di euro (forse più di 10 trilioni di euro) in finanziamenti a breve termine, che è fondamentalmente inesistente nell'eurozona.

In sintesi, se hai uno stipendio medio annuo di 36.000 euro, puoi acquisire un prestito di 1 milione di euro da una banca senza battere ciglio, e il direttore della banca poi ti dice: "Vedi cosa puoi ripagare, e quando...". Cosa ne pensate? Questa banca sarà in grado di sopravvivere a lungo? E può una banca centrale che poi tiene a galla queste banche per anni, essere in grado di mantenere la sua salute per molto tempo?

Come un gruppo di ubriachi che tentano di sollevarsi barcollando dalla grondaia, i valori delle azioni delle banche europee sono saliti insieme ai mercati. Tuttavia, le loro valutazioni continuano ad essere spaventosamente basse", dice Macleod. La situazione si è deteriorata al punto che se una grande banca dell'eurozona fallisce, l'intero sistema cadrebbe come un castello di carte.

L'UE è uno stato al collasso e il suo potere d'acquisto sarà spazzato via.

L'UE sta mostrando tutti i segni di uno stato fatiscente "continua l'analista Questo è stato più chiaro nella reazione dell'UE alla Brexit, che può essere definita solo come una vendetta stupida e infantile, a prescindere dalle implicazioni spiacevoli per il blocco stesso. Inoltre, è improbabile che l'UE esca dai blocchi quest'anno, il che significa che tutti i paesi membri saranno costretti a continuare a contrarre nuovi debiti massicci per mantenere le loro economie a galla. Gli effetti di politiche altamente dannose saranno molto peggiori per l'Europa che per gli Stati Uniti e la Cina.

Ampie fasce dell'economia, in particolare le PMI, sono sul punto di crollare. Quando le tendenze dei mercati delle materie prime (petrolio, metalli, cibo, ecc.) si combinano con la crescita massiccia della massa monetaria, il risultato sarà una perdita mondiale del potere d'acquisto. A causa della sua struttura, delle sue politiche e delle sue azioni, l'UE è completamente in ritardo rispetto alla ripresa economica della Cina, che ora è in piena corsa.

E poiché la BCE si occupa della finanza di tutto, il problema dell'UE inizierà senza dubbio da lì. Senza dubbio farà crollare la maggior parte del settore finanziario... Non ci vorrà un aumento significativo dei tassi d'interesse per spazzarlo via". Il valore reale del "valore" e degli "attivi" dichiarati dalle grandi banche dell'Eurozona nei loro bilanci è quindi rivelato: "fondamentalmente NULLA" Non è una sorpresa che la fuga di capitali dall'Eurozona sia aumentata. Il denaro di solito esce dalle nazioni con politiche terribili e dispendiose, e presto sarà senza valore.

Il sistema è volutamente gonfiato per realizzare il Grande Reset comunista".

Se vi state chiedendo, perché non stanno facendo qualcosa per evitare questo? Allora rispondiamo: perché, secondo noi, il sistema viene deliberatamente fatto saltare in aria. Un euro digitale è già in lavorazione, e alla fine sostituirà tutta la valuta. Questo nuovo sistema monetario digitale sarà molto probabilmente lanciato durante o poco dopo l'avvicinarsi della mega-crisi finanziaria, e sarà gradualmente collegato a tutto (carta d'identità/passaporto, carta di debito, carta Covid, e così via). Tutti i debiti saranno confiscati, e tutti i "beni", tutte le proprietà, tutti i fondi, di tutte le società e persone, saranno trasferiti allo stato.

Il 'Grande Reset', o il cambiamento del blocco di libero scambio della C.E.E., una volta di successo, in un'Unione Sovietica Europea con un regime tecnocratico e profondamente comunista, sarà allora completato. Allora la nostra prosperità, così come tutte le nostre libertà e i nostri beni, saranno ripristinati. (E tu, come imprenditore, eri felicissimo quando il governo si è impegnato a rimborsarti il 100% delle tue spese fisse!

Onestamente non sapete che siete finiti tutti in una trappola? Che presto non avrete più nulla da dire riguardo ai vostri affari e alla vostra sopravvivenza in questa economia controllata)?

Guardate i libri di storia per avere un'idea di quanto "bella" sarà la vita per noi allora. Tuttavia, per la stragrande maggioranza delle persone, un tale appello cadrà su orecchie sorde. Hanno votato ancora più pesantemente per i partiti presunti "liberali" che hanno adottato per anni politiche dell'UE quasi interamente neomarxiste.

Con nostro grande sgomento, sembra essere rimasta solo una cosa da fare per riportare la gente alla ragione, ed è sperimentare un sacco di sofferenza (di nuovo). Con la speranza che i nostri figli sopravvissuti abbiano imparato da queste dure lezioni e siano in grado di costruire una società molto più sana, un mondo dove Big Banks, Big Pharma, Big Tech, Big Military e Big Government, in altre parole: Grande Corruzione, non hanno posto.

Capitolo 19: 1921-1922?

Il parallelo tra la Germania 1914-1923 e l'Occidente 2010-2021 è senza soluzione di continuità.

La storia si sta ripetendo in ogni modo, ma su una scala ancora più grande? Sembra sospettosamente così. Proprio come negli anni '10 e '20, quantità inimmaginabili di denaro creato dal nulla sono state usate per comprare enormi quantità di debito e creare un'enorme ricchezza, e tutti vogliono un pezzo della torta. Il capo di Wall Street Michael Burry, soprannominato 'Big Short' perché è stato il primo investitore a prevedere la crisi dei subprime (2007-2010), avverte che l'iperinflazione scoppierà improvvisamente, proprio come nella Repubblica di Weimar.

La *gente ha detto che non ho avvertito l'ultima volta"*, ha risposto Burry, gestore di hedge fund "Big Short", alla tempesta di reazioni alla sua previsione di iperinflazione. *L'ho fatto, ma nessuno mi ha ascoltato. Così sto avvertendo ora. E di nuovo, nessuno ascolta. Ma avrò la prova che ho avvertito"*.

Recentemente, Burry ha twittato che la MMT (Modern Monetary Theory, il corso comunista de facto che è stato seguito nell'UE per circa 7 anni) del governo statunitense 'invita all'inflazione'. L'amministrazione Biden sta spendendo trilioni per mantenere l'economia e la società 'a galla' nel mezzo della crisi della corona, ma otterrà il contrario non appena saranno gradualmente riaperti. Quando la domanda aumenterà di nuovo, tutto quel denaro farà esplodere i prezzi e i costi dei lavoratori, il che sarà l'inizio dell'inflazione, o iperinflazione, a spirale fuori controllo.

'Non poteva continuare'

Il CIO di Bank of America Michael Hartnett paragona anche lo "tsunami di stimoli fiscali" e la monetizzazione dell'enorme peso del debito (che è stato fatto nell'UE dal 2014 con massicci acquisti di debito sovrano e con tassi d'interesse negativi, a spese dei risparmi, delle pensioni e del potere d'acquisto) direttamente alla situazione della Germania (la Repubblica di Weimar) dopo la prima guerra mondiale.

Jens Parsson scrisse nel 1974 che il periodo 1914 - 1923 fu caratterizzato da "grande prosperità, almeno per coloro che approfittavano del 'boom'. C'era un'atmosfera da 'non posso aspettare'. I prezzi erano stabili e il mercato azionario e gli affari andavano bene. Il marco tedesco inizialmente valeva persino più del dollaro, e per un po' fu la valuta più forte del mondo.

Eppure c'erano "gruppi simultanei con la povertà". Sempre più persone cadevano dal denaro facile e non riuscivano ad entrarci. Il crimine aumentò bruscamente". L'uomo comune "si demoralizzò", perché il duro lavoro e il risparmio rendevano sempre meno, mentre altri coltivavano il loro denaro dal loro pigro lettino, e diventavano ricchi puissanti.

Tutti volevano un pezzo della torta

Quasi ogni forma di impresa, non importa quanto speculativa, ha fatto soldi. Il numero di crolli e fallimenti è diminuito. La "selezione (economica) naturale", per cui le aziende deboli, mal gestite e/o non essenziali cadono e quelle più forti rimangono a galla, è scomparsa.

La speculazione divenne una delle attività più importanti in Germania. Tutti volevano un pezzo della torta, compresi i cittadini di quasi tutte le classi. Persino i conduttori di ascensori partecipavano agli investimenti. Non erano la produzione, l'innovazione e il successo a creare prosperità, ma il denaro e la speculazione. La borsa di Berlino non poteva letteralmente tenere il passo con i volumi di titoli scambiati.

1921/22 = 2021/22

E poi arrivò il colpo, tanto improvviso quanto devastante. Tutti i marchi che esistevano nel mondo nel 1922 non erano sufficienti nel novembre 1923 per comprare un solo giornale o un biglietto del tram. Quella fu la parte spettacolare del crollo, ma la maggior parte della vera perdita di ricchezza (monetaria) era avvenuta molto prima. Durante questi anni, la struttura si costruì silenziosamente per questo colpo. Il ciclo dell'inflazione tedesca è durato non uno, ma 9 anni: 8 anni di crescita e solo 1 anno di crollo.

Bisogna aver tenuto gli occhi ben chiusi negli ultimi 10 anni per negare che Burry ha doppiamente ragione quando scrive che questa analisi di 47 anni fa si applica perfettamente al periodo 2010 - 2021, in cui i dollari (e gli euro) "avrebbero potuto altrettanto facilmente cadere dal cielo... i team di gestione sono diventati creativi e hanno preso ancora più rischi... e hanno pagato dividendi finanziati dal debito agli investitori, o hanno investito in rischiose opportunità di crescita".

I cittadini sono stati massicciamente invitati ed esortati ad investire il proprio denaro, proprio come allora, perché i prezzi delle azioni avrebbero continuato a salire comunque, così come i prezzi delle case. Negli ultimi anni, il mercato altamente speculativo delle criptovalute si è rivelato il più redditizio; alcune persone che sono entrate presto sono diventate molto ricche e hanno potuto andare in pensione presto.

E ancora una volta siamo sull'orlo di un crollo senza precedenti

Come nel 1921-1922, la maggior parte delle persone non si rende conto che esattamente un secolo dopo, grazie a una febbre speculativa ancora peggiore e a politiche fiscali e monetarie folli senza precedenti, siamo di nuovo sull'orlo di un tale improvviso enorme crollo, avverte anche Burry. L'iperinflazione di 'Weimar' ha spazzato via tutta la prosperità in pochissimo tempo, tranne quella delle 'élite' e di alcuni grandi attori finanziari. Amara povertà e miseria attendevano il popolo, che divenne il terreno fertile per l'ascesa dei nazisti.

E ci sono altri paralleli agghiaccianti. Proprio come negli anni '30, nel nostro tempo c'è stata una propaganda di paura di massa, le persone sono state messe l'una contro l'altra, e sono state prese dure misure dittatoriali che hanno messo fine alle nostre libertà e a molti dei nostri diritti. Proprio come negli anni '40, sono stati condotti esperimenti medici sulle persone, ma ora non solo in campi chiusi, ma in tutto il mondo, con vaccinazioni controverse, su miliardi di persone alla volta. E proprio come negli anni '20, la maggior parte della gente non voleva sentire parlare di crisi; dopo tutto, gli alberi stavano crescendo verso il cielo, e avrebbero continuato a farlo sempre.

Tuttavia, i politici sanno da tempo che la più grande crisi finanziaria di tutti i tempi è imminente. Per bloccare sul nascere il panico e le proteste di massa, è stato scelto un comune virus respiratorio come pretesto per distruggere passo dopo passo le libertà e i diritti dei cittadini. Abbiamo scritto fin dall'inizio che il coprifuoco non ha nulla a che fare con la salute e la sicurezza pubblica, ma tutto a che fare con la capitalizzazione di questa crisi imminente. E voi cosa ne pensate? Nel frattempo, all'Aia si specula sulla possibilità di estendere il coprifuoco a mezzogiorno, "se fosse necessario".

C'è una via di fuga da questo "Grande Reset"?

Contaci che sarà necessario, tuttavia non per una mutazione virale, come sarà ancora una volta falsamente affermato, ma per tenere la gente rinchiusa nelle loro misure e leggi d'emergenza accuratamente elaborate, in modo che non possano ribellarsi in massa quando si scoprirà che quasi tutto ciò che si dava per scontato avesse "valore" per sempre - compreso il potere d'acquisto, le case, i lavori, gli investimenti e le pensioni - è andato per sempre, e anche questo sarà stato fatto di proposito, perché porta avanti un programma politico-ideologico: il "Grande Reset".

C'è una via di fuga, un'alternativa? Sì, ma solo se resistiamo pacificamente rifiutando in massa di continuare a contribuire alla nostra stessa fine.

Capitolo 20: Iperinflazione

Per anni ci siamo stupiti del fatto che la maggior parte della gente sembra credere che sia normale che le banche centrali continuino a creare quantità inimmaginabili di denaro dal nulla premendo un pulsante, in modo che i governi possano continuare a spendere enormi quantità di denaro credendo che il loro potere d'acquisto sarà mantenuto.

Chiunque abbia seguito due lezioni di economia al liceo sa che questo è contro tutte le leggi finanziarie e fiscali, e che prima o poi sfocerà in una commedia. È quasi arrivato: la Banca d'America annuncia l'IPERinflazione. Questo significa che il valore della moneta crollerà, e i costi della maggior parte dei prodotti e servizi andranno alle stelle.

Secondo le stime annuali, il numero di società statunitensi che riportano un'inflazione (elevata) è salito di circa l'800%. Di conseguenza, Bank of America non può fare a meno di notare che "Come minimo, suggerisce che un'iperinflazione "temporanea" è in arrivo.

Le materie prime (+28%), i prezzi al consumo (+36%), i trasporti (+35%) e i manufatti (+35%) sono particolarmente vulnerabili all'aumento dei prezzi. Anche se la BoA crede che rimarrà "gestibile", l'iperinflazione è un processo che mostra intrinsecamente che qualcosa sta andando fuori controllo.

Prezzi esorbitanti

Questo significa che, tra le altre cose, i cittadini alla fine dovranno pagare significativamente di più per quasi tutto ad un tasso crescente. In realtà, possiamo osservare questa alta inflazione mascherata nell'aumento dei prezzi degli immobili (dopo tutto, questi non sono associati a una forte ripresa economica, ma a un'economia del debito finanziata dal governo). Inoltre, un numero crescente di consumatori si lamenta che la loro spesa settimanale è diventata significativamente più costosa in un periodo di tempo relativamente breve.

La fine della prosperità è ormai in vista.

Per quanto possa essere deprimente da leggere, la fine dell'opulenza occidentale è ormai in vista. In effetti, la situazione in Europa non è dissimile da quella degli Stati Uniti, e per certi versi è molto peggio.

Considerate i debiti sovrani apparentemente infiniti di Italia, Grecia e Spagna, così come di Francia e Belgio. Inoltre, grandi banche sistemiche europee come Deutsche Bank, Société Générale e UniCredit sono tecnicamente in bancarotta.

Il Green Deal e il Grande Reset

A ciò si aggiungono il "Green Deal" dell'UE e il "Reset eccellente" del World Economic Forum. Il primo renderà l'energia, i trasporti e il cibo praticamente inaccessibili per milioni di persone, mentre il secondo cancellerà definitivamente le poche vestigia di libertà e autodeterminazione che ci sono rimaste, mettendo dal 35 al 41% delle persone senza lavoro, secondo i dati del WEF.

Mentre l'Occidente si sta lacerando a causa della realizzazione di questa distopia climatica, la Cina e la Russia hanno già iniziato a prendere il testimone da noi.

Capitolo 21: Carenza di carburante

È una prova per il prossimo grande attacco informatico all'Occidente?

Secondo gli esperti, l'attacco informatico al principale gasdotto di carburante negli Stati Uniti avrebbe potuto essere risolto in poche ore, e quindi ha tutte le caratteristiche di un'operazione "false flag" progettata per mettere il popolo americano completamente in ginocchio davanti all'emergente dittatura comunista UN/WEF del vaccino climatico. Le prime stazioni di servizio hanno finito il carburante, e quelle che ancora lo hanno stanno aumentando i loro prezzi in modo drammatico. Il carburante potrebbe essere razionato per un lungo periodo di tempo, e una volta che questo accade, il cibo seguirà inevitabilmente.

Secondo un esperto informatico, il Colonial Pipeline da Houston (Texas) a Linden (New Jersey) avrebbe potuto essere di nuovo operativo in poche ore, poiché l'attrezzatura danneggiata avrebbe potuto essere sostituita rapidamente, dato che la maggior parte dei server di computer oggi sono macchine virtuali (VM). Se solo il software fosse stato danneggiato, l'interruzione sarebbe stata di pochi minuti. Di conseguenza, l'oleodotto aveva molti backup in ogni modo.

Poiché nessun recupero è stato annunciato fino alla fine della settimana, questo specialista informatico crede che la penuria di benzina sia stata causata arbitrariamente. Il diesel è ancora usato nei camion, ma solo per un tempo limitato. Quando si fermeranno oggi o domani, i negozi si svuoteranno rapidamente, minacciando paura assoluta e pandemonio. Dopo una settimana, il paese si fermerà, dopo due settimane, la fornitura di acqua potabile sarà messa in pericolo, e dopo quattro settimane, la civiltà sarà finita.

Il governatore della Carolina del Nord ha proclamato lo stato di emergenza e ha temporaneamente (?) razionato la benzina. Anche le pompe di grandi imprese come Shell e BP stanno affrontando problemi di approvvigionamento.

Si tratta di una prova generale per il grande attacco informatico previsto di recente?

A meno che il governo non ripari l'oleodotto entro pochi giorni, la corsa già iniziata alle ultime tracce di benzina sarà seguita da una corsa ai supermercati. In effetti, è altamente concepibile che questa "falsa bandiera" sia stata una prova pratica per la massiccia ciber-crisi precedentemente prefigurata dal WEF, che è quella di schiacciare tutto l'Occidente - compresa l'Europa - al fine di schiacciare gli ultimi resti di opposizione al controllo comunista del nostro paese.

Naturalmente, i russi saranno incolpati di tutto, il che, come i nostri lettori sanno bene, è progettato per radunare le masse ancora pazze dietro la terza guerra mondiale pianificata contro la Russia (e forse la Cina).

Lamentarsi? Non se hai votato a favore di questo sistema.

Gli elettori dei partiti di sinistra e socialisti, in particolare, non dovrebbero lamentarsi, perché questi partiti, come quasi tutti i partiti di opposizione di sinistra, sostengono apertamente l'agenda Great Reset / Build Back Better / Agenda-21/2030 e stanno facendo tutto ciò che è in loro potere da molti anni per rendere questo futuro una realtà per voi e i vostri (grand)figli.

Tranne che per se stessi, naturalmente, perché, come in ogni dittatura comunista e fascista nel corso della storia, l'élite di potere farà in modo di non essere mai colpita dalle proprie leggi di libertà e distruzione della ricchezza.

Capitolo 22: La prossima guerra mondiale?

La reazione russa alle provocazioni dei bombardieri statunitensi fu senza precedenti: tre sottomarini nucleari irruppero attraverso il ghiaccio polare nello stesso momento. Gli Stati Uniti potrebbero essere annientati in pochi minuti da quel punto di vista.

La situazione tremendamente preoccupante in Ucraina sta ora raggiungendo i media (alternativi). L'analista Tom Luongo sostiene ora che l'Occidente, guidato da Joe Biden, si sta preparando per un confronto con la Russia in Ucraina, forse già dopo la Pasqua ortodossa (2 maggio). La ragione fondamentale è che il Cremlino si rifiuta di firmare il piano climatico Great Reset 2030 del World Economic Forum, delle Nazioni Unite e dell'Unione Europea. I politici occidentali sono impazziti al punto che stanno facendo l'errore fatale di supporre che il presidente Putin non oserà difendere la sua nazione fino alla morte contro questo colpo di stato mondiale. Così facendo, Washington, Bruxelles e l'Aia si mettono deliberatamente in pericolo di una battaglia nucleare su larga scala.

Ora, il conflitto a lungo desiderato contro la Russia minaccia di mettere fine alla fantasia europea di un "paradiso climatico" nel 2030, che in ogni caso finirebbe anni prima in un terribile incubo pieno di povertà comunista e oppressione tecnocratica per il 99% della popolazione.

Chi è il vero "assassino senz'anima"?

Biden era presidente solo da pochi mesi quando si riferì a Putin come a un "assassino senza anima". Il presidente russo ha risposto con "ce ne vuole uno per conoscerne uno", nel suo solito modo calmo e magistrale, e poi ha invitato Biden a una discussione diretta.

Naturalmente, Biden ha rifiutato, perché il demente Biden, che spesso dimentica dove si trova e con chi sta parlando durante i discorsi (ci sono ora filmati che lo mostrano con carte in mano con immagini di "chi è chi", così come un copione completo che deve seguire), non è chiaramente all'altezza del leader russo. I democratici ne sono ben consapevoli, ed è per questo che vogliono tenerlo lontano dalla stampa il più possibile.

E poi c'è stata quell'umiliante conferenza stampa l'altro giorno". Si candida per la rielezione nel 2024? Non sarà nemmeno vivo a quel punto. Ma, ehi, non si è candidato nemmeno nel 2020, quindi che differenza c'è?" si schernisce Luongo.

Ritorsione russa alle provocazioni americane

In ogni caso, le relazioni tra le due superpotenze sono "spaventose" dalla nomina del falso presidente Biden in un vistoso colpo politico. Gli americani non stanno facendo nulla per cambiare la situazione, anzi, esattamente il contrario. Recentemente, Biden ha inviato dei bombardieri strategici B-52 per lanciare un falso attacco alla Russia attraverso il Polo Nord. I jet sono tornati in Canada, ma una risposta del Cremlino era inevitabile. Tre sottomarini nucleari russi (un evento unico) sfondarono il ghiaccio polare nello stesso momento. Da quel punto di vista, gli Stati Uniti potevano essere completamente annientati in quindici minuti.

Obama dice che l'Ucraina è "il progetto di Biden".

L'Ucraina è "il progetto di Biden", ha dichiarato Barack Obama. I Biden sono coinvolti nella corruzione in Ucraina, come abbiamo ampiamente esposto negli ultimi anni.

Secondo Luongo, la situazione in Ucraina è "molto più pericolosa" di quanto si dica. Vi abbiamo già dato una possibile spiegazione, e non è molto rassicurante: l'élite occidentale potrebbe cercare di sommergere la popolazione con un conflitto improvviso, presentandolo falsamente come un "colpo a sorpresa russo", al quale "naturalmente, dobbiamo rispondere prontamente". Potrebbe non esservi concesso il tempo di esaminare ciò che sta realmente accadendo, cioè che questo conflitto sta solo sostenendo gli interessi dell'élite climatica del "Grande Reset", che deve essere portato avanti a spese del grande pubblico.

L'escalation della guerra in Ucraina è "tutto questo e altro". L'iniziativa di ammettere l'Ucraina alla NATO e all'UE è stata a lungo un obiettivo dei neocon come Victoria Nuland e dei neoliberali come Joe Biden. È una componente chiave dell'ambizione del Forum Economico Mondiale di accerchiare la Russia, ostacolando l'obiettivo dell'integrazione eurasiatica che potrebbe servire da baluardo contro il loro "nuovo mondo coraggioso".

L'Occidente vuole costringere la Russia e la Cina a conformarsi al Grande Reset.

Biden ha invitato Putin e il presidente cinese Xi Jinping a un incontro sul clima ad aprile, la cui agenda sarà dettata dal World Economic Forum. Poiché sia Putin che Xi hanno dichiarato che non si impegneranno nel Grande Reset e nell'Agenda 2030, così come nella "Quarta Rivoluzione Industriale" di Klaus Schwab (in realtà, la Grande Decostruzione Industriale), questo incontro è destinato a fallire fin dall'inizio (anche se senza dubbio qualche servizio verbale sarà pagato, ma dopo di che Russia e Cina andranno semplicemente per la loro strada).

Questo vertice sembra essere una massiccia perdita di tempo, perché tutti in tutto il mondo saranno minacciati da ciò che possono anticipare dall'Occidente in termini di politica - fino a quando qualcuno finalmente metterà questi individui lunatici fuori dalla loro miseria", ha detto Luongo. 'Per esempio, il Regno Unito sotto il dittatore Boris Johnson sta cadendo sempre più in un incubo totalitario a causa di Covid-19, mentre la propaganda anti-russa sta raggiungendo livelli record'.

Guerra nel Donbass, potenzialmente già domani

L'Ucraina è "direttamente implicata in tutte queste stronzate sul cambiamento climatico". Putin crede anche che Biden non permetterà alcuna escalation in Ucraina perché è legato ad essa e deve completare il lavoro che ha iniziato nel 2014 con il rovesciamento di (il presidente democraticamente eletto) Viktor Yanukovich. Di conseguenza, assisteremo a qualcosa di molto peggio della "campagna dei biscotti" di Victoria Nuland per la libertà. Avremo a breve una battaglia sul Donbass, molto probabilmente poco dopo la Pasqua ortodossa e lo scioglimento dell'inverno".

Secondo Luongo, Putin ha fatto sforzi enormi per fermare questo fatale ciclo discendente, "perché capisce dove questo porta". Sarà una resa dei conti in cui Putin dovrà guardare l'Ucraina lanciare una guerra contro i russofoni del Donbass e della Crimea con l'appoggio dell'Occidente, o interferire comunque, sapendo che l'Occidente lo userà immediatamente per dipingerlo come "aggressore".

L'Occidente si sta preparando per un'escalation; l'UE ha rifiutato il dialogo per anni.

L'Occidente, secondo Luongo, non ha altra scelta che intensificare l'escalation poiché non ha nulla da guadagnare da un ritorno alla calma, alla pace e alla collaborazione. La Russia deve essere sottomessa o distrutta perché il Grande Reset funzioni e l'Europa rimanga un attore globale importante". Questo comporta il controllo del Mar Nero e la conquista della Crimea".

Il ministro degli Esteri russo Sergei Lavrov ha recentemente espresso la preoccupazione che l'UE non abbia mantenuto i collegamenti diplomatici con il Cremlino dopo il voto del 2014, in cui il popolo della Crimea ha dichiarato in modo quasi schiacciante di voler appartenere alla patria russa. La diplomazia tra le grandi nazioni è scomparsa". La chiara riluttanza di Biden a impegnarsi in un dialogo aperto con Putin è una grande preoccupazione".

Il Grande Reset è ostacolato dal dominio eurasiatico su petrolio e gas.

Tutto dopo la "corona" di misure totalitarie e oppressive in Occidente, compresa la graduale distruzione delle PMI e della libertà, è in linea con il "Grande Reset" del WEF, che include la distruzione totale dell'economia "fossile" e, con essa, la fine della sicurezza e dell'accessibilità energetica per i cittadini occidentali.

Tuttavia, se la produzione di petrolio, gas e carbone continua sotto il controllo eurasiatico, le ambizioni megalomani degli Atlantidei non si realizzeranno mai.

Non resta loro molto tempo per imporre la loro tirannia comunista mondiale del clima-vaccino, poiché l'opposizione pubblica occidentale all'intera devastazione della loro società e del loro futuro cresce di giorno in giorno.

L'Occidente non avrà una fine gioiosa della guerra.

Se c'è un conflitto nel Donbass questa primavera, non avrà una bella conclusione in cui l'America (e l'Europa) continueranno al potere in futuro, ma sarà il momento in cui capiremo che la nostra discesa nell'irrilevanza si è affrettata".

Con un po' di sfortuna, questo deterioramento può anche sfociare in una battaglia nucleare, in cui la Russia (forse aiutata dalla Cina) decide di tagliare la "testa del serpente" che è stata una minaccia sempre più grande per l'esistenza dell'umanità per così tanto tempo. Questo potrebbe includere un attacco nucleare (limitato) su città come Washington, New York, Londra, Bruxelles e Roma (il Vaticano), così come Los Angeles (Hollywood), Parigi, Strasburgo, Berlino, Francoforte e L'Aia.

Possiamo essere certi di una cosa: se fosse stato per Vladimir Putin, non si sarebbe mai arrivati a questo punto. Resta da vedere se ci sarà abbastanza tempo perché la paura, la fame di potere e la pura follia che hanno completamente invaso le città nominate lascino il posto a un ripristino della ragione, della sobrietà e, soprattutto, della vera preoccupazione per il bene e il futuro di tutti i residenti. Sfortunatamente, i presagi per questo puntano ora nella direzione opposta.

Se la Cina si unisce, la terza guerra mondiale è un fatto!

Se la Cina viene coinvolta in una grande battaglia con l'Occidente, come una guerra con Taiwan, il Giappone e l'Australia potrebbero essere presi di mira, e le ostilità potrebbero scoppiare tra Corea del Nord e del Sud, India e Pakistan, India e Cina, Iran e Arabia Saudita, e Iran e Israele. Allora la terza guerra mondiale diventerà una realtà.

Per il momento, anticipiamo che l'ultima grande conflagrazione globale non avverrà fino a qualche parte tra il 2025 e il 2030. Tuttavia, tutti vedranno che un conflitto in Ucraina potrebbe facilmente far cadere tutte le altre tessere del domino molto prima.

Capitolo 23: Il nuovo "Green Deal"

Ocasio-'Green Cortez's New Deal' comporta "l'estinzione di tutta la vita sulla Terra" - "Se i combustibili fossili sono aboliti, ogni albero del pianeta sarà abbattuto".

Il Dr. Patrick Moore, co-fondatore di Greenpeace, ha sbattuto Alexandria Ocasio-Cortez (foto), la nuova beniamina della sinistra 'progressista' americana. La "socialista democratica" ha proposto un "New Deal verde", che costerebbe decine di miliardi di dollari e, secondo molti detrattori, farà tornare gli Stati Uniti alla civiltà pre-industriale. Moore ha definito Ocasio-Cortez una "ipocrita" e una "pomposa stupida" perché eseguire la sua richiesta di eliminare gradualmente i combustibili fossili - cosa che l'amministrazione europea ha già iniziato a fare con la chiusura del gas naturale - porterà a "vittime di massa".

Moore ha lasciato la "sua" Greenpeace anni fa, quando l'organizzazione ambientale è stata dirottata dall'interno da anarchici di estrema sinistra come Ocasio-Cortez.

Tutti i voli e le automobili devono essere messi a terra (tranne la sua)

Il "Green New Deal" propone che gli Stati Uniti abbandonino ogni dipendenza dal petrolio, dal gas e dall'energia nucleare. I treni devono sostituire il trasporto aereo (anche attraverso il mare), e il 99% di tutte le automobili devono essere eliminate.

Naturalmente, con l'eccezione della classe dirigente, le cose sono andate avanti come al solito. Secondo il New York Post, Ocasio ha una massiccia "impronta di carbonio", in parte perché il suo staff della campagna si basa quasi interamente su normali automobili a benzina. Ha volato 66 volte tra maggio 2017 e dicembre dell'anno scorso, rispetto alle sole 18 volte in treno, a cui, se fosse per lei, tutti sarebbero obbligati a convertirsi.

I fondi socialisti continuano a spingere per gli alloggi gratuiti.

Inoltre, ogni struttura negli Stati Uniti dovrà essere ampiamente cambiata o forse ricostruita per soddisfare le norme climatiche estremamente rigorose. Cortez propone il finanziamento di milioni di posti di lavoro nel governo per questo motivo. Coloro che non vogliono lavorare saranno liberi di stare a casa e non dovranno più pagare le spese di alloggio. Ma chi lo desidererebbe?

Come intende "AOC" finanziare la sua utopia verde? In parole povere, l'unico modo per pagare i suoi piani draconiani ed enormemente costosi è quello di accendere le presse del denaro. Poiché "questa volta faremo le cose per bene", ha dichiarato Cortez in una precedente intervista, il fatto che questo socialismo ha portato a povertà diffusa e miseria nel corso della storia non dovrebbe essere una preoccupazione.

Questo piano comporta l'annientamento di tutta la vita". Brillante

Secondo il Green New Deal, tutte le emissioni di gas serra devono essere eliminate dall'ambiente. La risposta di Moore: 'Tecnicamente (scientificamente) parlando, questo implica l'eliminazione di tutto il vapore acqueo e di tutta la CO2, il che implica lo sradicamento di tutta la vita'. Geniale".

Se non vi piace l'accordo, dovreste semplicemente presentare la vostra proposta coraggiosa per affrontare la catastrofe climatica globale", ha twittato successivamente AOC. Fino ad allora, noi siamo al comando, e voi state semplicemente urlando dagli spalti".

L'esaurimento dei combustibili fossili provocherà morti di massa".

Moore ha replicato: "pomposo idiota". Non avete nessuna strategia per nutrire 8 miliardi di persone senza usare combustibili fossili, o per portare il cibo nelle città. I cavalli? Se i combustibili fossili sono messi fuori legge, ogni albero del pianeta sarà abbattuto per fornire combustibile per cucinare e riscaldare. Ucciderete molte persone... Non sei altro che un ipocrita come tutti gli altri, con ZERO competenza in qualsiasi campo in cui affermi di essere esperto.

Soffrite di illusioni se pensate che i combustibili fossili scompariranno presto", ha aggiunto più tardi Moore in risposta a un tweet di un altro fanatico del clima che diceva che "la fine dei combustibili fossili è certa". Forse tra 500 anni. L'atteggiamento di AOC è sconsiderato e offensivo. È una novellina che finge di essere intelligente. Se la sua razza è al comando, ci distruggerà".

I nostri altri libri

Dai un'occhiata ai nostri altri libri per altre notizie non riportate, fatti esposti e verità sfatate, e altro ancora.

Unisciti all'esclusivo Rebel Press Media Circle!

Riceverai nuovi aggiornamenti sulla realtà non denunciata nella tua casella di posta ogni venerdì.

Iscriviti qui oggi:

https://campsite.bio/rebelpressmedia

Ingram Content Group UK Ltd.
Milton Keynes UK
UKHW012307280623
424184UK00016B/738